Ulrich Gaier

Annette und das Geld

Ulrich Gaier

ANNETTE UND DAS GELD

Die Droste, die Schriftstellerei, das Fürstenhäuschen

Ein Lesebuch

Verlag Stadler, Konstanz

Stadler Verlagsgesellschaft mbH, Konstanz 1993

Gesamtgestaltung: Barbara Müller-Wiesinger, Freiburg

ISBN 3-7977-0283-3

Titelbild (Foto Lauterwasser), S. 20 u., S. 33, S. 46, S. 61, S. 71, S. 76, S. 79, S. 84, S. 89, S. 91, Titelrückseite (Foto Lauterwasser), Klappe hinten: Münze (Foto Lauterwasser) Droste Museum im Fürstenhäusle, Meersburg; S. 10 Schiller Nationalmuseum, Marbach; S. 19 Landesmuseum für Kunst und Kulturgeschichte, Münster; S. 20 o., S. 53 aus: Die Literatur »Annette von Droste-Hülshoff« von Gabriele Reuter, Hrsg. Georg Brandes, Neunzehnter Band; S. 24 aus: Karl Schulte Kemminghausen »Am Zwinger zeichnet die Mylady« S. 18; S. 55 aus: Dr. Reinhold Conrad Muschler« Briefe von Levin Schücking und Louise von Gall, Verlag von Fr. Wilh. Grunow in Leipzig, 1928, S. 169; S. 83 Jutta Freifrau von Droste zu Hülshoff; S. 93 Notariat Meersburg

Die Droste – und Geld?

Die Idee zu diesem Büchlein, das in der Hauptsache die Briefschreiberin Annette von Droste-Hülshoff zu Wort kommen lassen will, entstand im Zusammenhang der Materialsuche zum Thema *Annette und das Geld.* So lautete der Titel eines kleinen Vortrags, zu dem die Deutsche Bundesbank den Herausgeber anläßlich der Präsentation des Zwanzigmarkscheins mit dem Bildnis der Dichterin gebeten hatte.

Sicher hatte man bei der Deutschen Bundesbank nicht an der Droste Verhältnis zu den damaligen Gulden und Reichstalern gedacht, viel eher an ihre Qualifikation für die Bildergalerie der übrigen Geldscheine – man brauchte sie als Frau, Dichterin, Katholikin, Westfälin mit einem zweiten Lebensschwerpunkt am Bodensee und damit als Gegengewicht etwa zu einem Naturwissenschaftler oder einem Architekten aus anderen deutschen Landen.

Dennoch war es frappierend festzustellen, welch große Rolle das Geld in Annettes Werken und Briefen spielt – allerdings in einem keineswegs schmeichelhaften Sinne! Fast wäre es angemessen gewesen, die Droste auf dem Geldschein mit warnend erhobenem Zeigefinger abzubilden!

Geld und Verbrechen: Drostes erzählende Dichtungen

Denken Sie an die *Judenbuche.* Friedrich Mergel, der Verdächtige in dieser Kriminalgeschichte, aus ärmlichen Verhältnissen stammend, will schon als Kind Geld verdienen und gerät so in die Fänge seines Onkels Simon, der ihn für sich arbeiten läßt. Simon wird von der Droste mit teuflischen Zügen ausgestattet: *Simon Semmler war ein kleiner, unruhiger, magerer Mann mit vor dem Kopf liegenden Fischaugen und überhaupt einem Gesicht wie ein Hecht;* er hat rötliche Bürstenhaare und eine einschüchternde Weise, mit den Leuten umzugehen. Wie er mit Friedrich eine Last fortträgt, *mit seinem Gesicht die Luft durchschneidend, während ihm die Schöße des roten Rocks wie Feuerflammen nachzogen [. . .] hatte er ziemlich das Ansehen eines feurigen Mannes, der unter dem gestohlenen Sacke büßt.* Simon benutzt den als Hütejungen tätigen Friedrich als unverdächtigen Aufpasser, der ihm das Herannahen der Förster zu melden hat, wenn er mit der gefürchteten Bande der Blaukittel nächtens ganze Waldstrecken kahlschlägt und das Holz über die Grenze schafft. Friedrich schickt auch den Förster Brandis auf einen falschen Weg, der ihn von seinen Männern trennt, und am folgenden Tag wird ihm klar, daß Simon dem Vereinzelten aufgelauert und ihn mit der Axt erschlagen hat. Aber Friedrich hat jetzt Geld, spielt sich im Dorf auf, kleidet sich gut und zeigt bei einer Hochzeitsfeier seine silberne Taschenuhr vor, ein Statussymbol, um das er beneidet wird. Unerträglich ist deshalb die Schmach, als der Jude Aaron kommt und vor der ganzen Gesellschaft von ihm zehn Taler für die Uhr verlangt. *Friedrich war wie vernichtet fortgegangen und der Jude ihm gefolgt, immer schreiend: »Oh weh mir! warum hab ich nicht gehört auf vernünftige Leute! Haben sie mir nicht hundertmal gesagt, Ihr hättet all Eu'r Gut am Leibe und kein Brot im Schranke!« – Die Tenne tobte von Gelächter; manche hatten sich auf den Hof nachgedrängt.* Der Jude wird nach ein paar Tagen im Wald erschlagen aufgefunden; Friedrich kann sich im

letzten Moment dem Zugriff der Polizei entziehen. Erst nach Jahrzehnten kehrt einer zurück, der ihm ähnlich ist.
Die Droste nennt die Geschichte ein *Sittengemälde,* das heißt, Friedrich Mergel ist kein einzelner, sondern nur das sprechende Beispiel für alle, die ihn umgeben. Man hat immer wieder die Meisterschaft gerühmt, mit der sie die Umwelt zeichnet, in der Friedrich aufwächst und deren Produkt er ist. Die gebirgigwaldige Grenzregion, weitab von Verkehr und staatlich garantiertem Recht, hat bei ihren hochmütigen, schlauen und kühnen Bewohnern neben dem gesetzlichen Recht ein zweites Recht entstehen lassen, *ein Recht der öffentlichen Meinung, der Gewohnheit und der durch Vernachlässigung entstandenen Verjährung;* eine Probe von dieser Rechtsauffassung gibt Margreth, Friedrichs Mutter, der ihr Sohn berichtet, der Förster Brandis habe gesagt, der Bauer Hülsmeyer stehle Holz und Rehe: *Höre Fritz, das Holz läßt unser Herrgott frei wachsen, und das Wild wechselt aus eines Herren Lande in das andere; die können niemand angehören.* Dabei wird Margreth von der Erzählerin als *brave, anständige Person* eingeführt, allerdings aus dem Blickwinkel der Nachbarn, die darüber staunen, daß ausgerechnet sie den alten Mergel heiratet, der doch ein Säufer ist und seine erste Frau so verprügelt hat, daß sie nach einer Woche zu ihren Eltern zurückgelaufen ist.
Brav und anständig mochte also die Margreth sein, aber eben nach den Maßstäben jenes dort gewachsenen Rechtsgefühls, das in Fragen des Eigentums mit den Gesetzen und den Vorstellungen der Grundherrn kollidierte: *Holz- und Jagdfrevel waren an der Tagesordnung [...]. Da jedoch große und ergiebige Waldungen den Hauptreichtum des Landes ausmachten, ward allerdings scharf über die Forsten gewacht, aber weniger auf gesetzlichem Wege als in stets erneuerten Versuchen, Gewalt und List mit gleichen Waffen zu überbieten.* In diese wilde und hochmütige Gesellschaft des Faustrechts wächst Friedrich Mergel hinein. Die Armut der Familie behindert seine Versuche, mitzuhalten; der Spott über den durch

den Alkoholismus des Vaters heruntergekommenen Zustand des Anwesens und über den endlich im Rausch erfrorenen Vater nötigen ihn zur Kompensation durch aufwendige Kleidung und großspuriges Auftreten; der Onkel endlich nutzt seinen Geldbedarf und Ehrgeiz, um ihn in die Zone des Kapitalverbrechens hineinzuziehen; offenbar hat er auch durch Schuldabhängigkeit bei einem der Holzfrevler dafür gesorgt, daß der Hütejunge, der so hervorragend Schmiere steht und die Förster in die verkehrte Richtung schickt, nicht auf die Idee kommt, die Bande zu verpfeifen. Das Schicksal Friedrich Mergels und das Sittengemälde seiner Umwelt sind also nicht etwa durch Unglücksfälle oder heftige Leidenschaften gekennzeichnet, sondern durch Geld, Großspurigkeit und die räuberischen Begriffe des Faustrechts, das Eigentumsrechte nicht achtet, sondern mit Gewalt, List und Schläue zu durchbrechen sucht.

Wie ein Gegenstück zur *Judenbuche* scheint eine weitere Kriminalgeschichte geplant gewesen zu sein, die die Droste in ihren letzten Lebensjahren anfing, um zu einer Veröffentlichung ihrer Freundin Elise Rüdiger etwas beizutragen. Diese Erzählung *Joseph* ist Fragment geblieben, aber die Jugendgeschichte der Erzählerin Mevrouw van Ginkel ist fertig geschrieben. Sie spielt im Haus eines reichen Kaufmanns, dem die Frau, die Mutter der Erzählerin, früh stirbt und der nicht wieder heiratet. *Ein Kaufmann, der den ganzen Tag im Comptoir und auf der Börse zubringt und der Handelsverbindungen wegen fast täglich Gäste zu Tische hat, ist ohne Hausfrau ein geschlagener Mann, allen Arten von Veruntreuungen und Verschleuderungen ausgesetzt, die er unmöglich selbst kontrollieren kann.* Unter der Obhut einer Gouvernante wächst das Mädchen heran und wird von dieser, die einen Nachschlüssel zur Bibliothek hat, um an die geliebten Romane zu kommen, dazu erzogen, die Dienstboten nicht zu verpetzen. *Ich sah, so oft mein Vater auf die Börse ging, die Kommis wie Hasen am Fenster spähen, bis er um die Gassenecke war, und dann forthuschen, Gott*

№ 96.

Morgenblatt

für

gebildete Leser.

Freitag, den 22. April 1842.

Then we are in order, when we are most out of order.
Shakespeare.

Die Judenbuche.

Ein Sittengemälde aus dem gebirgigten Westphalen.

Von Annette E. Freiin von Droste zu Hülshoff.

Wo ist die Hand so zart, daß ohne Irren
Sie sondern mag beschränkten Hirnes Wirren,
So fest, daß ohne Zittern sie den Stein
Mag schleudern auf ein arm verkümmert Seyn?
Wer wagt es, eitlen Blutes Drang zu messen,
Zu wägen jedes Wort, das unvergessen
In junge Brust die zähen Wurzeln trieb,
Des Vorurtheils geheimen Seelendieb?
Du Glücklicher, geboren und gehegt
Im lichten Raum, von frommer Hand gepflegt,
Leg hin die Wagschal', nimmer dir erlaubt!
Laß ruhn den Stein – er trifft dein eignes Haupt! –

Friedrich Mergel, geboren 1738, war der einzige Sohn eines sogenannten Halbmeiers oder Grundeigenthümers geringerer Klasse im Dorfe B., das, so schlecht gebaut und rauchig es seyn mag, doch das Auge jedes Reisenden fesselt durch die überaus malerische Schönheit seiner Lage in der grünen Waldschlucht eines bedeutenden und geschichtlich merkwürdigen Gebirges. Das Ländchen, dem es angehörte, war damals einer jener abgeschlossenen Erdwinkel ohne Fabriken und Handel, ohne Heerstraßen, wo noch ein fremdes Gesicht Aufsehen erregte, und eine Reise von dreißig Meilen selbst den Vornehmeren zum Ulysses seiner Gegend machte — kurz, ein Fleck, wie es deren sonst so viele in Deutschland gab, mit all den Mängeln und Tugenden, all der Originalität und Beschränktheit, wie sie nur in solchen Zuständen gedeihen. Unter höchst einfachen und häufig unzulänglichen Gesetzen waren die Begriffe der Einwohner von Recht und Unrecht einigermaßen in Verwirrung gerathen, oder vielmehr, es hatte sich neben dem gesetzlichen ein zweites Recht gebildet, ein Recht der öffentlichen Meinung, der Gewohnheit und der durch Vernachläßigung entstandenen Verjährung. Die Gutsbesitzer, denen die niedere Gerichtsbarkeit zustand, straften und belohnten nach ihrer in den meisten Fällen redlichen Einsicht; der Untergebene that, was ihm ausführbar und mit einem etwas weiten Gewissen verträglich schien, und nur dem Verlierenden fiel es zuweilen ein, in alten staubigten Urkunden nachzuschlagen. — Es ist schwer, jene Zeit unparteiisch in's Auge zu fassen; sie ist seit ihrem Verschwinden entweder hochmüthig getadelt oder albern gelobt worden, da den, der sie erlebte, zu viel theure Erinnerungen blenden und der Spätergeborene sie nicht begreift. So viel darf man indessen behaupten, daß diee Form schwächer, der Kern fester, Vergehen häufiger, Gewissenlosigkeit seltener waren. Denn wer nach seiner Ueberzeugung handelt, und sey sie noch so mangelhaft,

Die Erstveröffentlichung der »Judenbuche«

weiß wohin. Ich sah den Bedienten in meines Vaters seidenen Strümpfen und Schuhen zum Hinterpförtchen hinausschleichen; ich hörte nachts den Kutscher an meiner Tür vorbeistapfen in den Weinkeller hinunter und wälzte mich vor Ärger im Bette, aber wiedersagen – um alles in der Welt nicht. Dazu war ich viel zu verständig. Ich hörte sogar, wie jemand der Madame Dubois [der Gouvernante] erzählte, unser Kassierer, Herr Steenwick, spiele jeden Abend und habe in der vorigen Nacht zweitausend Gulden verloren und wie die Dubois antwortete: »Um Gottes willen, woher nimmt der Mensch das Geld? Da sollte einem hier im Hause doch schwarz vor den Augen werden!« Die Gouvernante, die sich auf den Kassierer Hoffnungen macht, meldet dem Hausherrn nichts, das Mädchen schweigt, wie es gelernt hat, obwohl es die Gouvernante, die in Gewissensnot ist, aufgefordert hat, dem Vater alles zu sagen. Als der Kassierer eines Nachts nicht mehr heimkommt und der Vater die Kasse aufbricht, erweist sich der Ruin des Hauses; der Vater stirbt, das fünfzehnjährige Mädchen ist eine mittellose Waise, dem die Dienstboten schnell noch das verbleibende Gut aus dem Haus stehlen.

Diese Erzählung, sicher erst die Einleitung zu der geplanten Josephsgeschichte, zeigt wieder das Geld als Grundmotiv der Unordnung und des Verbrechens, nun aber nicht in einer zurückgebliebenen Grenzregion, sondern im Zentrum des Handels und der Geldgeschäfte, Gent. Warum läßt das adlige Fräulein nicht vielmehr die Leidenschaften wüten, um ihre erdichteten Figuren ins Unglück und Verbrechen stürzen zu lassen? Das wäre das Übliche gewesen und gehörte zu den erprobten Rezepten ihrer Dichterkolleginnen, sogar ihres Freundes und Schützlings Levin Schücking in seinen Romanen. Auch hätte es ihrer leidenschaftlichen Natur, die sie nach bitteren Erfahrungen mühsam unter der Kontrolle adliger Sittsamkeit zu halten gelernt hatte, durchaus naheliegen können, die Verwicklungen, die zu einem Verbrechen wie dem in der *Judenbuche* berichteten führen, aus Affekten herzuleiten. Aber sie hatte offenbar tiefer zu blicken gelernt: Leidenschaften sind für die Droste nicht einfach etwas Gegebenes, sie bilden sich langsam unter bestimmten Umständen, und die Umstände sind, zum Beispiel in der *Judenbuche,* bestimmt durch tradierte Vorstellungen, Stolz, üble Gewohnheiten und vor allem Geld.

Annettes Wesensbestimmung des Geldes scheint zunächst durchaus traditionell: es ist des Teufels. Friedrich Mergels Onkel Simon hat, wie zitiert, teuflische Züge. Am deutlichsten und schauerlichsten bringt diesen Aspekt die Ballade *Der Spiritus familiaris des Roßtäuschers* ins Spiel, wo die Droste eine alte Volkssage verarbeitet: Einem Pferdehändler sind in kurzer Zeit sechs Tiere verendet, in die er sein ganzes Kapital investiert hatte. Auf den Rat eines Kollegen wendet er sich verzweifelt und trotzig an eine geheimnisvolle *»Gesellschaft«,* im Bewußtsein, daß er sich da mit der Hölle einläßt, unterzeichnet mit Blut und erhält einen teuflischen Geist im verschlossenen Gläschen, der ihm Reichtümer entdecken, Glück im Handel bescheren, Sieg über Konkurrenten verschaffen soll. Alles trifft ein, er wird reich, aber die von ihm verkauften Tiere gehen nach kurzer Zeit ein, er verbreitet den Bankrott, mit dem er angefangen hatte, wie eine Epidemie um sich und muß deshalb überall unstet weiterfliehen. Verzweifelt versucht er den Höllengeist wieder loszuwerden; immer wieder kehrt er zu ihm zurück. Endlich gelingt es ihm, mit einer Reliquie, einem Nagel vom Kreuz Jesu, den Verschluß des Gläschens zu durchstoßen; der Geist entweicht, das ganze Anwesen des Roßtäuschers geht in Flammen auf, er wird zum Bettler und hat in der Stunde seines Todes die Vision, daß sein mit Blut unterzeichneter Name von Engelshand gestrichen wird.

Es ist die tiefe Religiosität der Dichterin des *Geistlichen Jahrs,* jener lebenslang bearbeiteten ausdrucksstärksten religiösen Dichtung des 19. Jahrhunderts, die sie wie viele ihrer Zeitgenossen den damals bindungslos um sich greifenden Kapitalismus als das Verderben der Menschheit verstehen ließ. Als äußerste Perversion, als

Willen zum Bau eines zweiten Turms von Babel betrachtete sie deshalb den Geist, in dem man die Vollendung des Kölner Doms betrieb – auch Schücking setzte sich dafür ein, und Annette selbst hatte mit *Meister Gerhard von Köln* eine Ballade zu seiner Schrift geliefert: In dem Gedicht *Die Stadt und der Dom* von 1842 rügte sie, daß die Motive für die Spendenaufrufe zum Dombau nicht etwa Frömmigkeit und Gottesfurcht, sondern Nationalismus und Konservatismus in der Restauration der altdeutschen Vergangenheit waren, deren Monument man zur politischen und kapitalistischen Demonstration aufrichten wollte. Sie verglich deshalb den Dombau mit dem Wiederaufbau der Handelskontore nach dem Großbrand von Hamburg 1842:

Die Stadt und der Dom

Eine Karikatur des Heiligsten

Unsrer sind vier
Ich, Feder, Dinte und Papier
Wir werden uns nicht verraten
Um lumpichte hundert Dukaten.

»Der Dom! der Dom! der deutsche Dom!
Wer hilft den Kölner Dom uns baun?«
So fern und nah der Zeitenstrom
Erdonnert durch die deutschen Gaun.
Es ist ein Zug, es ist ein Schall,
Ein ungemeßner Wogenschwall.
Wer zählt der Hände Legion,
In denen Opferheller glänzt?
Die Liederklänge wer, die schon
Das Echo dieses Rufs ergänzt?

Und wieder schallts vom Elbestrand:
»Die Stadt! die Stadt! der deutsche Port!«
Und wieder zieht von Land zu Land
Ein gabespendend Klingeln fort:

Die Schiffe ragen Mast an Mast,
Goldregen schüttet der Palast;
Wem nie ein eignes Dach beschert,
Der wölbt es über fremde Not;
Wem nie geraucht der eigne Herd,
Der teilt sein schweißbenetztes Brot.

Wenn eines ganzen Volkes Kraft
Für seines Gottes Heiligtum
Die Lanze hebt so Schaft an Schaft,
Wer glühte nicht dem schönsten Ruhm?
Und wem, wem rollte nicht wie Brand
Das Blut an seiner Adern Wand,
Wenn eines ganzen Volkes Schweiß
Gleich edlem Regen niederträuft,
Bis in der Aschensteppe heiß
Viel Tausenden die Garbe reift?

Man meint, ein Volk von Heil'gen sei
Herabgestiegen über Nacht,
In ihrem Eichensarg aufs neu
Die alte deutsche Treu erwacht.
O werte Einheit, bist du eins –
Wer stände dann des Heil'genscheins,
Des Kranzes würdiger als du,
Gesegnete, auf deutschem Grund!
Du trügst den goldnen Schlüssel zu
Des Himmels Hort in deinem Bund.

Wohlan ihr Kämpen denn, wohlan,
Du werte Kreuzesmassonei,
So gebt mir eure Zeichen dann
Und euer edles Feldgeschrei!

Da, horch! da stieß vom nächsten Schiff
Die Bootmannspfeife grellen Pfiff,
Da stiegen Flaggen ungezählt,
Kantate summte und Gedicht,
Der Demut Braun nur hat gefehlt,
Jehovas Namen hört ich nicht.

Wo deine Legion, o Herr,
Die knieend am Altare baut?
Wo, wo dein Samariter, der
In Wunden seine Träne taut?
Ach, was ich fragte und gelauscht,
Der deutsche Strom hat mir gerauscht,
Die deutsche Stadt, der deutsche Dom,
Ein Monument, ein Handelsstift,
Und drüber sah wie ein Phantom
Verlöschen ich Jehovas Schrift.

Und wer den Himmel angebellt,
Vor keiner Hölle je gebebt,
Der hat sich an den Kran gestellt,
Der seines Babels Zinne hebt.
Wer nie ein menschlich Band geehrt,
Mit keinem Leid sich je beschwert,
Der flutet aus des Busens Schrein
Unsäglicher Gefühle Strom;
Am Elbestrand, am grünen Rhein,
Da holt sein Herz sich das Diplom.

Weh euch, die ihr den zorn'gen Gott
Gehöhnt an seiner Schwelle Rand,
Meineid'gen gleich in frevlem Spott
Hobt am Altare eure Hand!
Er ist der Herr, und was er will,

Das schaffen Leu und Krokodil! –
So baut denn, baut den Tempel fort,
Mit ird'schem Sinn den heil'gen Hag,
Daß euer beßrer Enkel dort
Für eure Seele beten mag!

Kennt ihr den Dom, der unsichtbar
Mit tausend Säulen aufwärts strebt?
Er steigt, wo eine gläub'ge Schar
In Demut ihre Arme hebt.
Kennt ihr die unsichtbare Stadt,
Die tausend offne Häfen hat,
Wo euer wertes Silber klingt?
Es ist der Samariter Bund,
Wenn Rechte sich in Rechte schlingt
Und nichts davon der Linken kund.

O, er, der alles weiß, er kennt
Auch eurer Seele ödes Haus;
Baut Magazin und Monument,
Doch seinen Namen laßt daraus!
Er ist kein Sand, der glitzernd stäubt,
Kein Dampfrad, das die Schiffe treibt,
Ist keine falsche Flagge, die
Sich stahl der See verlorner Sohn,
Parol nicht, die zur Felonie
Ins Lager schmuggelt den Spion!

Baut, baut! – um euer Denkmal ziehn
Doch Seufzer, fromm und ungeschmückt;
Baut! – neben eurem Magazin
Wird doch der Darbende erquickt.
Ob eures Babels Zinnenhag
Zum Weltenvolk euch stempeln mag?

Schaut auf Palmyrens Steppenbrand,
Wo scheu die Antilope schwebt,
Die Stadt schaut an, wo, ein Gigant,
Das Kolosseum sich erhebt.

Den Wurm, der im geheimen schafft,
Den kalten, nackten Grabeswurm,
Ihn tötet nicht des Armes Kraft
Noch euer toller Liedersturm.
Ein frommes, keusches Volk ist stark,
Doch Sünde zehrt des Landes Mark;
Sie hat in deiner Glorie Bahn,
O Roma, langsam dich entleibt;
Noch steht die Säule des Trajan,
Und seine Kronen sind zerstäubt!

In dem Motto zu dem Gedicht lehnt sie empört ab, ihre Dichtkunst auch noch zur Lobhudelei für dieses Bauwerk herzugeben, das sie in selten scharfem Durchblick eben nicht als Gotteshaus betrachten konnte, sondern als Monument für Nation, Fortschritt und Kapital – nicht anders als die Handelskontore in Hamburg. Mit der Schärfe einer Bußpredigerin rügt sie den Geist, in dem beide Bauwerke entstehen, einen Geist der Glaubenslosigkeit und Verweigerung von Hilfe an die sozial Schwachen, und stellt die unsichtbare Kirche der Gläubigen und den Bund der Samariter diesen Verhöhnungen Gottes gegenüber. Ja, für dieses kapitalistische Babel, Palmyra, Rom prophezeit sie den Untergang, der die Metropolen der Alten Welt zerstörte.
Mit diesem Gedicht steht sie, trotz der Zitierung des Teufels im Zusammenhang mit dem Geld, mitten in der Kapitalismuskritik ihrer Zeit, wie sie vor allem von den Autoren des sogenannten

»Vormärz« artikuliert wurde – Weerth, Gutzkow, Herwegh, Freiligrath, den sie über Schücking persönlich kannte und dessen Schicksal und Werk sie verfolgte. Schücking selbst war in seinen Zeitromanen durchaus sozial- und ökonomiekritisch; mit ihm wird die Droste sich während der gemeinsamen Arbeit am *Malerischen und romantischen Westphalen* (übrigens mit Freiligrath, der allerdings seine politische Wende noch vor sich hatte) und an Schückings Roman *Der Familienschild* (1841) hitzig genug über die gesellschaftliche Lage unterhalten und gestritten haben. Auch in Meersburg 1841/42, der gemeinsamen Zeit und der Zusammenarbeit im Hause des Freiherrn von Laßberg, gab es bestimmt Diskussionsanlässe genug, bei denen die altdeutsch-konservativen Ansichten Laßbergs, die katholisch-gemäßigten Ansichten Annettes und die liberal-geistesaristokratischen Ansichten Schückings aufeinanderprallten. Das adlige Fräulein schärfte ganz offensichtlich ihren Blick für die sozialen und ökonomischen Zusammenhänge in einer für die Zeit bemerkenswerten Weise; ihre Gedanken über die Lösung der Probleme und die Veränderung der Gesellschaft wurzelten, wie das zitierte Gedicht zeigt, in ihrer tiefen Glaubensüberzeugung.

Man kann also feststellen, daß das Geld in den erzählenden Dichtungen der Droste eine große und wegen seiner Erhebung zum entscheidenden gesellschaftlichen Wert negative Rolle spielt. Eine Rettung der Gesellschaft, eine Rückkehr zu *der heiligen Natur* der Familienbeziehungen, der gemeinsamen Sorge und Fürsorge, erhofft sie aus einer Wiedergeburt ihres Glaubens – durchaus eines eigenwilligen Christentums, wie ihr *Geistliches Jahr* beweist –, der allein den Tod der Seele überwindet. Wie es zu solcher Auffassung kommt, was Annette in ihrem persönlichen Umkreis an ökonomischen Vorgängen beobachtet und analysiert, wie sie ihr weniges Geld anwendet und schließlich von ihrem Honorar für die erste Gesamtausgabe der *Gedichte* das Fürstenhäusle in Meersburg finanzieren kann, das soll sie nun in ausgewählten Stellen aus ihren Briefen selber erzählen.

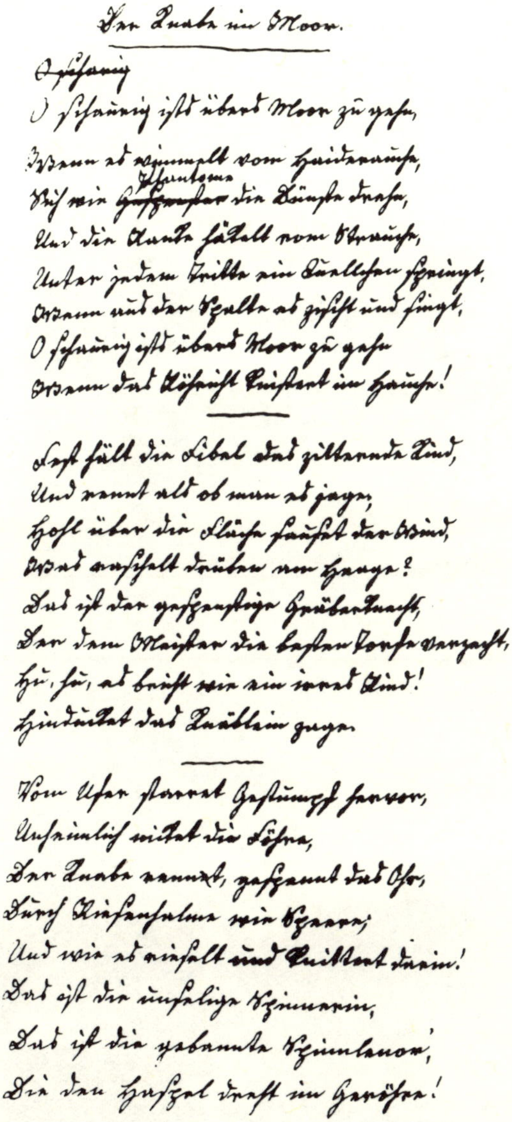
Der Knabe im Moor.

~~O schaurig~~
O schaurig ists übers Moor zu gehn,
Wenn es wimmelt vom Haiderauche,
Sich wie Phantome ~~Gespenster~~ die Dünste drehn,
Und die Ranke häkelt vom Strauche,
Unter jedem Tritte ein Quellchen springt,
Wenn aus der Spalte es zischt und singt,
O schaurig ists übers Moor zu gehn
Wenn das Röhricht knistert im Hauche!

Fest hält die Fibel das zitternde Kind,
Und rennt als ob man es jage,
Hohl über die Fläche sauset der Wind,
Was raschelt drüben am Hage?
Das ist der gespenstige Gräberknecht,
Der dem Meister die besten Torfe verzecht,
Hu, hu, es bricht wie ein irres Rind!
Hinducket das Knäblein zage.

Vom Ufer starret Gestumpf hervor,
Unheimlich nicket die Föhre,
Der Knabe rennt, gespannt das Ohr,
Durch Riesenhalme wie Speere;
Und wie es rieselt und knittert darin!
Das ist die unselige Spinnerin,
Das ist die gebannte Spinnlenor',
Die den Haspel dreht im Geröhre!

Die Anfangsstrophen von »Der Knabe im Moor«
(Handschrift Annettes)

Zwei Ansichten von Schloß Hülshoff

Wirtschaftliche Unsicherheit

Die Droste waren ein alteingesessenes westfälisches Adelsgeschlecht; Anna Elisabeth Freiin von Droste zu Hülshoff wurde 1797 auf Schloß Hülshoff im Münsterland geboren. Aber in ihre Kindheit fallen Entwicklungen, die die traditionelle Wohlhabenheit dieser adligen Grundherren vernichteten, wirtschaftliche Umstellungen verlangten und damit nicht nur die Familie Droste selbst empfindlich trafen, sondern in ihr und in ihrer Umgebung ein Klima der Verunsicherung, der Arroganz aus Verängstigung, der schamhaft verschwiegenen oder großspurig überspielten Ärmlichkeit erzeugten, in dem Annette aufwuchs.

Gewandelte politische, soziale und wirtschaftliche Bedingungen hatten in den ersten Jahrzehnten des 19. Jahrhunderts dazu geführt, daß der westfälische Adel einerseits auf Einkünfte aus ertragreichen Ämtern, andererseits auf seine Dominanz als Grundherr verzichten mußte. Die unter dem Druck der napoleonischen Besetzung Preußens erlassenen Edikte zur Bauernbefreiung (1807), zur Regulierung des Besitzrechtes und der bäuerlichen Dienstverpflichtung (1811) boten dem westfälischen Adel nur begrenzt die Möglichkeit, durch vollständige Ausschöpfung der gesetzlichen Vorschriften und der Beachtung standesmäßiger Solidarität seine Interessen zu wahren.

Die Probleme kann man an Annettes Familie deutlich erkennen: Vor seinem Tod 1826 kaufte ihr Vater das Gut Rüschhaus bei Münster als Witwensitz für seine Frau; Annette und ihr Bruder Ferdinand verzichteten auf alle Rechte am väterlichen Erbe zugunsten des ältesten Bruders Werner Constantin, und für Annette wurde eine jährliche Leibrente von 200 Talern ausgesetzt, die Werner Constantin ihr zusammen mit den Zinsen eines kleinen Kapitals zu zahlen hatte. Aber:

Werner sagt, er könnte nächsten Sommer nicht reisen [um die Mutter abzuholen], weil er kein Geld hätte, da er die Ökonomie anfängt und obendrein arbeitet, die Schulden abzutragen, die er bei den vielen Ankäufen hat machen müssen.

Paulinchen schreibe ich, sobald ich wieder Geld habe, um ihr das bewußte Foulardtuch zu kaufen; ich habe noch genug bei Werner zu fordern, kann es aber nicht sogleich kriegen.

Die Mitglieder der Familie stoßen ihre Grundbesitze ab, um zu Bargeld zu kommen:

In Stapel geht alles den alten Schlendrian, Johannes hat viel Unglück, jetzt z. B. haben alle seine Pferde den Rotz, und er hat an einem *Tage müssen fünf totstechen lassen. Ein großer Schaden! Aber doch ein Glück, denn dadurch ist er zu dem Entschlusse gekommen, Ostern die Ökonomie aufzugeben, was Werner so dringend wünschte und ihn nie dazu bringen konnte. Auch hat er jetzt Gelegenheit, zwei Besitzungen sehr vorteilhaft zu verkaufen, die eine (an Hermann) für 17 000, die andre für 50 000 Reichstaler, was fast doppelt soviel ist, als sie sich bisher verzinst haben. So hat er jetzt wieder einigen Mut und Hoffnung. [...] Josef Droste hat Alst an Wilderich Kettler verkauft und zieht im April ab nach Münster. Es ist recht vernünftig sowohl wegen des Unterrichts der Kinder als auch, weil weder er noch Julie Freude an der Ökonomie hatten und alle Jahre zusetzen mußten. Sie können jetzt sehr gut leben; der seligen Tante Vermögen hat sich als 60 000 Taler herausgestellt; Josef ist der Haupterbe und muß nur ein Pflichtteil von 10 000 Talern an Betty in Bonn abgeben. Wogegen Juliens Vermögen auch 10 000 Taler sind; also haben die Leutchen jetzt 60 000 Taler, womit sie in der Stadt als Kapitalisten sehr wohlhabend sind.*

Je unsicherer die ökonomische Lage wird, desto hartnäckiger klammern sich einige Adlige an ihre Titel und versuchen ihre Kreise rein zu halten von einträglichen, aber unstandesgemäßen Ehen. Zweimal erzählt Annette folgenden Vorfall:

Tante Dorly ist jetzt ganz zufrieden mit dem Schwiegertöchterchen, schreibt in jeden Brief »unser süßes junges Fräuchen« oder

»Klemens sein zartes Täubchen« und gibt sich Mühe mit Hartmanns auf den besten Fuß zu kommen, was gewiß vernünftig ist. Aber Du kennst unsre Tante Dorothee, die mit einer Hand einreißt, was sie mit der andern baut. So hat sie jetzt ein Trinkglas schleifen lassen, und zwar in Paderborn, mit dem Spruche: »Besser rein altadlig Blut als alles Geld und alles Gut«. Natürlich ist das bekannt geworden wie ein Lauffeuer, und Du kannst denken, daß Hartmanns fast vor Gift die Wände herauflaufen, wenigstens die in Münster, wo ich es auch gehört habe. Zur Entschuldigung hat sie gesagt, es sei für ihren zweiten Sohn bestimmt, damit dieser es nicht mache wie Klemens. Wie gefällt Dir diese Wendung? Mir fällt der Österreicher dabei ein, der Spargel mit den Fingern nehmen wollte: »Verzeihns! i hab gmeint, es sei Spinot.«

Krampfhaft versuchte man auch den bisherigen Lebensstil aufrechtzuerhalten; Annette befürchtet das bei Luise von Gall, der Verlobten ihres Schützlings Levin Schücking:

Auch ihre Anforderungen an die Welt sind bei Deiner vorläufig bescheidenen Lage sehr zu prüfen; sie scheint mir glänzend erzogen und an einen bewundernden Kreis gewöhnt; dergleichen entwöhnt sich nicht leicht. Ihre Unlust an Hofbällen und der großen Welt will nichts beweisen; sehr lebhafte und dabei, wie Du selbst sagst, etwas eitle Personen, die an einen engern Zirkel, wo sie die erste Rolle spielen, gewöhnt sind, fühlen sich nie wohl, wo sie sich schmählich genieren und mit so vielen pari gehn müssen. Aber diese täglichen kleineren Zirkel im eignen Hause sind grade das Geldfressende, und ich weiß kaum, was kläglicher ist: in Schulden geraten oder jeden Mittag Wassersuppe essen, um abends die Leute mit Zuckerbrezeln bewirten zu können. Mein gutes Herz, Du darfst mir nichts übelnehmen und begreifst die Angst Deines Mütterchens, wo ihr einziges liebes Kind auf dem Punkte steht, über seine ganze Zukunft zu entscheiden.

Nicht nur wirtschaftlich, auch in der Domäne der Staatsämter drohten die Bürgerlichen dem Adel den Rang abzulaufen. Annette

Mädchen mit Vogel (Handzeichnung Annettes)

über den späteren preußischen Gesandten Ferdinand von Galen und den Vater ihrer Freundin, Ludwig Hassenpflug:

Galen habe ich nun auch öfter gesehen. Er ist gutmütig und gewiß nicht ohne Verstand und Kenntnisse, aber ungemein schwerfällig, was vorzüglich in seinen Disputen mit Hassenpflug auffällt, der sehr gewandt im Reden ist, wo Galen in der Regel Hassenpflug gar nicht versteht und überhaupt sich rein drin zudreht, was mir immer sehr unangenehm ist, da die Sache gewöhnlich unsre politischen und religiösen Ansichten und Interessen betrifft, und wenn er fein und politisch sein will, so sieht man ihn auf zehn Stunden Weges ankommen. Ich glaube, daß er ein guter und fleißiger Beamter sein könnte, aber zum eigentlichen Diplomaten scheint er mir gemacht wie die Kuh zum Reiten. Du weißt, daß unser Werner keine besonderen Ansprüche auf große Gewandtheit und Feinheit macht noch machen kann, und doch kannst du nicht glauben, wieviel besser er sich bei diesen Veranlassungen ausnahm. Hassenpflug richtete, solange W[erner] hier war, auch gewöhnlich seine Einwürfe an ihn, weil er sehr wußte, daß Galen ihn doch nicht verstand.

Die Dichterin selbst bewegte sich ungeniert in bürgerlichen Kreisen; ihre Freundinnen waren großenteils bürgerlich oder, wie Elise Rüdiger, eine mit einem bürgerlichen Regierungsrat verheiratete Adlige. Vor allem gehörten die zwei Männer, zu denen sie eine tiefere Beziehung hatte, nicht dem Adel an: Heinrich Straube und Levin Schücking. Der erste war ein junger Jurist und Schriftsteller, den die Zweiundzwanzigjährige in Haxthausen bei der Verwandtschaft kennenlernte und, soviel man aus einem Brief an Anna von Haxthausen Ende 1820 schließen kann, liebte, ohne sich über die Qualität ihres Gefühls im klaren zu sein. Ein Freund Straubes, August von Arnswald, warb zugleich um sie, wohl in der Absicht, sie Straube zu entfremden. Sie ließ sich darauf ein, worauf beide ihr Vorwürfe machten, sie demütigten und abreisten. Die Katastrophe traf sie furchtbar, die Vorwürfe der Verwandten kamen hinzu:

Ich bin zuweilen etwas wild, wenn ich mal nicht an Str[aube] denke, sondern nur wie Ihr jetzt blindlings auf mich loshackt. Aber das kömmt selten, denn ich denke Tag und Nacht an Str. Ich habe ihn so lieb, daß ich keinen Namen dafür habe. Er steht mir so mild und traurig vor Augen, daß ich oft die ganze Nacht weine und ihm immer in Gedanken vielerlei erkläre, was ihm jetzt fürchterlich dunkel sein muß. Ach Gott, wenn ich ihm nur schreiben dürfte, dann wüßte ich noch wohl allerhand, was ich ihm allein sagen kann.

Nach dieser Erfahrung einer undeutlichen Beziehung und ihrer fast lebenszerstörenden Folgen arbeitete Annette nahezu fünf Jahre lang nur an geistlichen Gedichten. *Das geistliche Jahr,* ihre tiefste und gewaltigste Dichtung, entstand. Die Großmutter Haxthausen hatte sie schon früh um Gedichte über die Lesungen der Kirchensonntage gebeten, ein erbauliches Buch, wie es in frommen Laienkreisen üblich war. Jetzt verwarf Annette alles, was sie dafür schon zusammengereimt hatte, denn eine biedermeierliche Geborgenheit im Glauben war ihr nicht mehr möglich (wie man sie ihr manchmal andichtet); sie kämpfte vielmehr mit und um Gott, um den Glauben, die Liebe, die Hoffnung und den Sinn einer Welt, in der Unlösbares möglich ist, wie sie es erlebt hatte. Daß der Glaube, den sie sich da mühevoll erstritt, ihr auch als Heilmittel für die Verwirrung ihrer Zeit, für die Erschütterung der gesellschaftlichen Existenzgrundlage ihrer Umgebung, für die unüberschaubaren Entwicklungen der Industrialisierung, Technisierung und Kapitalisierung der Gesellschaft erschien, ist plausibel. Aber sie flüchtete nicht in einen vorgegebenen Glauben, wie manche aus ihrer Umgebung hinter den löchrig gewordenen Adelsschild flüchteten, sondern in eine immer neu sich in Frage stellende Religiosität nicht des Wissens, sondern des Weges, wie sie in seinen Schriften der vierziger Jahre auch Kierkegaard lehrte:

Am sechsten Sonntag nach Pfingsten

Ev.: Vom Fischfang Petri. Luk 5,1–11

*Die ganze Nacht hab ich gefischt
Nach einer Perl in meines Herzens Grund
Und nichts gefangen.
Wer hat mein Wesen so gemischt,
Daß Will gen Wille steht zu aller Stund
In meiner Brust wie Tauben gegen Schlangen?*

*Daß ich dir folgen möchte, ach,
Es ist doch wahr, ich darf es sonder Trug
Mir selber sagen!
Was schleicht mir denn gespenstig nach
Und hält wie an den Fittichen den Flug,
Der, ach, zu dir, zur dir mich sollte tragen?*

*Herr, geh von mir, ich bin ein arm
Und gar zu sündig Wesen; laß mich los,
Ach, laß mich liegen!
Weiß ich, wovon mein Busen warm?
Ob Sehnens Glut, ob nicht die Drangsal bloß
So heiß und zitternd läßt die Pulse fliegen?*

*Wenn sich die Sünde selber schlägt,
Wenn aus der Not nach Rettung Sehnen keimt,
Ist das die Reue?
Hast du den Richter doch gelegt
In unser Blut, das gen die Sünde schäumt,
Daß es vom wüsten Schlamme sich befreie.*

*Dies Winden, jedem zuerkannt,
Wo irgend noch ein Lebensodem steigt,*

Wird es mir frommen?
Ja, als verlöscht der Sonne Brand,
Da hat Ägypten sich vor dir gebeugt,
Und seine Sünde ward ihm nicht genommen.

Und hast Gewissens Stachel du
Mir auch vielleicht geschärft als andern mehr:
Ich werd es büßen,
Dringt nicht der rechte Stich hinzu,
Der Freiheit gibt dem warmen, reinen Meer,
Daraus die echten Reuetränen fließen.

O eine echte Perle nur
Aus meiner Augen übersteintem Quell,
Sie wär ein Segen!
Du Meister jeglicher Natur,
Brich ein, Du Retter, lös die Ströme hell!
Ich kann ja ohne dich mich nimmer regen.

Du, der gesprochen: Fürcht dich nicht!
So laß mich denn vertraun auf deine Hand
Und nicht ermüden.
Ja, auf dein Wort, mein Hoffnungslicht,
Will werfen ich das Netz. – Ach, steigt ans Land
Die Perle endlich dann und bringt mir Frieden?

So muß man auch die Einstellung des adligen Fräuleins zu ihrem Stand nie als ein für allemal eingenommene Haltung, sondern immer als durchdachte und oft erlittene neue Stellungnahme verstehen. *Wenn sie gelegentlich auch das Gefühl der Zugehörigkeit zu ihrem Stande verrät und wenn die Ehrerbietung, die man ihr zollt, ihr sichtlich wohltut,* so betont sie auf der andern Seite *meine ganze so langsam und mühsam erkämpfte Freiheit (insofern ich die*

passive Nachsicht der Meinigen mit meiner Weise zu sein und mich zu dem Menschen zu stellen so nennen darf.
Zu dieser Weise, sich zu den Menschen zu stellen, gehört auch die Besonderheit ihres Verhältnisses zu Levin Schücking, dem Sohn der ihr befreundeten Schriftstellerin Katharina Schücking, geb. Busch. Auch er war ein Bürgerlicher wie Straube; die Beziehung zu ihm entwickelte sich so, daß die Ersatzmutter zur Mitarbeiterin und Kritikerin des Schriftstellers wurde, die selbst fruchtbare Anregung und Kritik von ihm empfing, und daß die Zuneigung zu dem um siebzehn Jahre Jüngeren, den sie zunächst als *eitel, aufgeblasen und lapsig* charakterisiert hatte, vor allem im gemeinsam auf der Meersburg zugebrachten Winter 1841/42 zur tiefen Liebe wurde. War für den in Laßbergs Privatbibliothek temporär angestellten Schücking schon unerträglich, durch den Schwager Annettes, den Freiherrn von Laßberg, ständig wie ein Domestik behandelt zu werden, so scheint es ihm vollends unmöglich geworden zu sein, Annette zuliebe wie sie selbst diese Liebe vor der Verwandtschaft streng zu verbergen. Wie man aus unverkennbar biographisch inspirierten Passagen seiner späteren Romane entnehmen mag, hat er sie gedrängt, sich offen zu ihm zu bekennen und wohl sogar, seine Frau zu werden. Den Bruch mit der Familie, den Schritt in ein markt- und modeabhängiges ärmliches Leben als Schriftstellerin, wie sie es z. B. bei Luise von Bornstedt beobachten konnte, wollte sie nicht vollziehen; eines unter den vielen Motiven für diesen Verzicht war, wie der eigene Glaube innerhalb der Kirche, die mühsam erkämpfte Freiheit innerhalb der adligen Familie. Wie tief *ins Leben* ihr diese Liebe ging, was es sie gekostet hat, dem geliebten Schützling *harte Dinge* zu sagen, als er nach einem halben Jahr die Meersburg verließ und zunächst eine Stelle als Hauslehrer in Bayern annahm, läßt folgende Briefstelle wenige Wochen nach Schückings Abreise vermuten:

Den 5ten [Mai 1842]. Guten Morgen, Levin! Ich habe schon zwei Stunden wachend gelegen und in einem fort an Dich gedacht; ach, ich denke immer an Dich, immer. Doch punctum davon, ich darf und will Dich nicht weich stimmen, muß mir auch selbst Courage machen und fühle wohl, daß ich mit dem ewigen Tränenweidensäuseln sowohl meine Bestimmung verfehlen als auch Deine Teilnahme am Ende verlieren würde; denn Du bist ein hochmütiges Tier und hast einen doch nur lieb, wenn man was Tüchtiges ist und leistet. Schreib mir nur oft, mein Talent steigt und stirbt mit Deiner Liebe; was ich werde, werde ich durch Dich und um Deinetwillen; sonst wäre es mir viel lieber und bequemer, mir innerlich allein etwas vorzudichten. Sobald ich diesen Brief geschlossen, geht's con furore ans Werk; ich bin wieder in der fruchtbaren Stimmung, wo die Gedanken und Bilder mir ordentlich gegen den Hirnschädel pochen und mit Gewalt ans Licht wollen, und denke Dir die Beiträge sehr bald schicken zu können, obwohl gewiß der Psalm wieder um zwei Drittel zu lang werden wird, die Du dann mit wahrer Chirurgenkälte amputierst. Mich dünkt, könnte ich Dich alle Tage nur zwei Minuten sehn – o Gott, nur einen Augenblick! – dann würde ich jetzt singen, daß die Lachse aus dem Bodensee sprängen und die Möwen sich mir auf die Schulter setzten! Wir haben doch ein Götterleben hier geführt, trotz Deiner periodischen Brummigkeit! Ob ich Dir bös bin? Ach Du gut Kind, was habe ich schon für bittere Tränen darüber geweint, daß ich Dir noch zuletzt so harte Dinge gesagt hatte! Und doch war viel Wahres darin. Aber mich *vergißt Du doch nicht, was die Zeit auch daran ändern mag; wenn der eine Haken bricht, so hält der andre; Dein Mütterchen bleibe ich doch, und wenn ich auch noch vierzig Jahre lebe; nicht wahr, mein Junge? mein Schulte, mein kleines Pferdchen! Was hängen alles für Erinnerungen, die nie verlöschen können, an diesen Titeln! Notabene ich habe es jetzt so eingerichtet, daß meine Briefe mir direkt aus der Küche gebracht werden. Jetzt schreib, was Du willst! Wenn es mir nicht ansteht, lasse ich es den Laßberg gar nicht erfahren, wenn ich einen Brief bekomme, und es ist schade, daß ich so bald fort muß; unsre Korrespondenz würde von jetzt an hier weit sicherer und bequemer gehen wie in Rüschhaus. Schreib mir, daß Du mich lieb hast; ich habe es so lange nicht ordentlich gehört und bin so hungrig darauf, Du dummes, nichtswürdiges kleines Pferd! Aber an Laßberg mußt Du auch schreiben, an Laßberg, ich kann Dich nicht dringend genug antreiben. Jenny war schon zweimal hier aus demselben Grunde, da sie weiß, daß ich Dir grade schreibe; das arme Ding ist ordentlich kümmerlich darüber, in der doppelten Not um Laßbergs Betrübnis. Ich kann Dir sagen, er ist* **betrübt,** *denn er hat Dich wirklich lieb; und um Deine Unehre; also: et cet.*

Das adlige Fräulein von schwacher Gesundheit, erst neuerdings schriftstellerisch erfolgreich, konnte es schon aus ökonomischen Gründen, dann aus Einsicht in die Problematik einer Bindung an einen so viel Jüngeren nicht wagen wollen, mit Schücking sich selbständig zu machen. Vor allem aber ist es wohl das Trauma der ins Wanken geratenen Existenzgrundlage ihres ganzen Standes, der sich vor ihren Augen vollziehende Umbruch der Gesellschaft in eine bürgerliche, schon mit den Vorzeichen des Industriezeitalters versehene unheimliche neue Welt, was sie den Schritt in eine noch weniger gesicherte Existenz nicht wagen ließ:

Am Turme

Ich steh auf hohem Balkone am Turm,
Umstrichen vom schreienden Stare,
Und laß gleich einer Mänade den Sturm
Mir wühlen im flatternden Haare;
O wilder Geselle, o toller Fant,
Ich möchte dich kräftig umschlingen,
Und, Sehne an Sehne, zwei Schritte vom Rand
Auf Tod und Leben dann ringen!

Und drunten seh ich am Strand, so frisch
Wie spielende Doggen, die Wellen
Sich tummeln rings mit Geklaff und Gezisch
Und glänzende Flocken schnellen.
O, springen möcht ich hinein alsbald,
Recht in die tobende Meute,
Und jagen durch den korallenen Wald
Das Walroß, die lustige Beute!

Und drüben seh ich ein Wimpel wehn
So keck wie eine Standarte,
Seh auf und nieder den Kiel sich drehn
Von meiner luftigen Warte;
O, sitzen möcht ich im kämpfenden Schiff,
Das Steuerruder ergreifen
Und zischend über das brandende Riff
Wie eine Seemöwe streifen.

Wär ich ein Jäger auf freier Flur,
Ein Stück nur von einem Soldaten,
Wär ich ein Mann doch mindestens nur,
So würde der Himmel mir raten;
Nun muß ich sitzen so fein und klar,
Gleich einem artigen Kinde,
Und darf nur heimlich lösen mein Haar
Und lassen es flattern im Winde!

An der paradoxen Unwirklichkeit der Bilder, die sie in diesem Lied aus der Zeit mit Schücking 1841/42 für ihre Wünsche wählt, erkennt man, wie sie ihre Erfüllbarkeit einschätzte – Korallen weisen auf warme, Walrösser auf kalte Meere hin – beide nicht ein Gewässer, an dem (wie am Bodensee) ein Turm mit zivilisiertem *Balkon* steht, von dem aus man *drüben,* d. h. in der Nähe des gegenüberliegenden Ufers, ein Schiff sehen kann. Mit dem Schiff, das sie steuert, will sie wie eine Seemöwe fliegend über ein Riff zischen, an dem Brandungswellen erscheinen, das also jedem Schiff mit einigem Tiefgang zum Verhängnis werden muß. Sie wünscht sich das Unmögliche, das Verderbliche und erfüllt sich deshalb den Wunsch nicht, auch wenn sie ihre Dichtung dabei zu Bruch gehen und zur unbeholfenen Reimerei verkommen lassen muß – *so fein und klar, Gleich einem artigen Kinde, Und lassen es flattern ...* So hatte sie es ja auch Schücking geschrieben: *mein Talent steigt und stirbt mit Deiner Liebe;* in der Tat, als Schücking sich nach dieser Trennung, in der sie sich für den Verbleib im adligen Familienverband entschieden hatte, immer mehr von ihr entfernte, hat sie nie mehr die Produktivität der gemeinsamen Meersburger Zeit wiedergefunden.

An der Art und Weise, wie die gesellschaftliche Umstrukturierung ihren Stand und ihre Familie erfaßte und in ihr eigenes Leben eingriff, an der Art und Weise, wie Annette von Droste-Hülshoff diese Umstrukturierung erfuhr und reflektierte, haben wir plausible Gründe gefunden, warum die Dichterin in ihren erzählenden Dichtungen so häufig das Geld als bewegendes Motiv für die Handlungen und die Verbrechen ihrer Figuren einsetzt, warum sie die Gesellschaft ihrer Zeit durch Geld korrumpiert sieht und es deshalb als Instrument des Bösen betrachtet, dem nur mit einer Umkehr in den Glauben wirksam begegnet werden kann.

Schriftsteller-Existenzen

Ein Leben als freie Schriftstellerin wäre eine Alternative zu dem Leben in mühsam erkämpfter Freiheit innerhalb der Familie und Adelskaste gewesen. Verlockt durch die wachsende Leserschaft, die rascher und mit größeren Auflagen operierenden Verlage, die allmählich funktionierende Sicherung gegen Raubdrucke, das eingespielte Rezensionswesen und die anspruchsvollen Feuilletons auch mittelmäßiger Zeitungen, versuchten mehr und mehr Literaten im 19. Jahrhundert sich von Brotberufen freizumachen. Annette kannte viele, verkehrte mit einigen und ging in ihren Briefen häufig auf die ihr bekannt gewordenen Erfolge und Mißerfolge ein. Zwei greife ich heraus: »die Bornstedt« und Freiligrath.

Luise von Bornstedt (1806–1870), aus Potsdam stammend, zum Katholizismus konvertiert und hauptsächlich mit der Bearbeitung von Legendenstoffen befaßt, lebte von Klavierstunden und Schriftstellerei in Münster und gehörte zum literarischen Zirkel der Elise Rüdiger, wo sie Annette kennenlernte und sich ihr zunächst bis zum Überdruß aufdrängte. Sie scheint sich auf Levin Schücking Hoffnungen gemacht zu haben und wurde Annette spinnefeind, als diese die Stelle bei Laßberg für Schücking vermittelte; als Annette gleichzeitig mit Schücking in Meersburg Aufenthalt nahm, setzte Bornstedt den peinlichen Klatsch in die Welt, hier handle es sich um nichts als ein von Laßberg bezahltes Rendezvous zwischen den beiden. Sie selbst hängte sich an einen Windbeutel aus Luzern, der ihr viel versprach und ihr das wenige, das sie hatte, abnahm, so daß sie am Ende der Droste-Briefe irgendwo auf dem Land, von einer reichen Tante mit dem Nötigsten versehen, ihre Heiligen weiter bearbeitete und Gedichte einer Verkannten schrieb.

Die Droste studiert und beobachtet diese Frau, seit dem böswilligen Klatsch mühsam objektiv bleibend, und beschreibt ihr Benehmen und ihre Handlungen mit dem psychologischen Scharfsinn, den sie ihren erzählten Figuren widmet – man hat den Eindruck, daß sie sich hier einen Erzähl-Stoff zubereitet. Hier aber handelt es sich um die einmalige sozialgeschichtliche Kostbarkeit, neun Jahre eines Schriftstellerinnenlebens (1837–1846) durch eine andere Schriftstellerin in vielen brieflichen Äußerungen beobachtet, psychologisch durchleuchtet und meisterlich, wenn auch nicht *sine ira et studio* beschrieben zu finden. In den folgenden Auszügen muß ich mich leider auf die Stellen beschränken, an denen die Schreiberin auf die materiellen Umstände dieser Frau und ihre Versuche eingeht, auf dem literarischen Markt unter schweren seelischen Deformationen einen Platz zu erobern und andere zu verdrängen. Denn für diejenigen, die davon leben müssen, ist der Marktwettbewerb gnadenlos:

Wir bekommen hier eine Menge Journale, die »Modezeitung«, das »Morgenblatt«, den »Telegraphen«, »Vaterland«, »Ausland«, »Königsberger Literaturblätter«. Wenn ich sehe, wie so alles durcheinander krabbelt, um berühmt zu werden, dann kömmt mich ein leiser Kitzel an, meine Finger auch zu bewegen. Geduld! Geduld! Aber wenn ich dann wieder sehe, wie einer kaum den Kopf über dem Wasser hat, daß schon ein anderer hinter ihm einen Zoll höher aufduckt und ihn niederdrückt, wie Heine schon ganz verschollen, Freiligrath und Gutzkow veraltet sind, kurz die Zelebritäten sich einander auffressen und neu generieren wie Blattläuse, dann scheint mir's besser, die Beine auf den Sofa zu strecken und mit halbgeschlossenen Augen von Ewigkeiten zu träumen. Mir kömmt ein stattlicher Bürger vornehmer vor wie ein verjagter und mit Kot beworfener König, und ich finde nichts kläglicher als einen cidevant berühmten Poeten, dem jetzt jeder räudige Kläffer nach den Waden fährt. Sie glauben nicht, wie's mich ärgert, Freiligrath schon so häufig als »ephemere Glanzerscheinung«, »Seifenblase, die geplatzt ist« et cet. bezeichnen zu hören, und doch kommen diese Stimmen von allen Winden, und es ist förmlich Mode, sich von ihm loszusagen. Der arme Winterkönig! der doch gewiß gemeint hat, mit achtzig Jahren in seinem Diktatormantel schlafen zu gehn! Ach,

Elise, alles ist eitel! Was hilft's mir, daß die Buchhändler meinen, auch mich kurze Zeit dem Publikum als Zugpflaster auflegen zu können, um mich nachher wie eine verbrauchte spanische Fliege beiseite zu werfen! Das »Abendblatt« hat mir Anträge gemacht, recht vorteilhafte, »das gewöhnliche Honorar sei zwei, höchstens drei Louisdors per Bogen, ich könne aber darüber hinauf fordern, so hoch ich wolle. Die Bedingungen seien lediglich mir selbst anheimgestellt et cet.; ferner: Ich dürfe nicht zürnen, wenn es mich dem Publikum vorläufig als Mitarbeiterin zu bezeichnen wage, und nur ein bestimmter Befehl meinerseits könne es daran verhindern. Ich habe bis jetzt weder Zeit noch Lust gehabt, den Brief zu beantworten; vor zwanzig Jahren würde er mir den Kopf verrückt haben, jetzt sehe ich schon en perspective den Augenblick, wo man sich meine Beiträge verbitten oder auf den geringsten Preis herabdrücken würde. So steht mein Entschluß fester als je, nie auf den Effekt zu arbeiten, keiner beliebten Manier, keinem anderen Führer als der ewig wahren Natur durch die Windungen des Menschenherzens zu folgen und unsre blasierte Zeit und ihre Zustände gänzlich mit dem Rücken anzusehn. Ich mag und will jetzt *nicht berühmt werden, aber nach hundert Jahren möcht ich gelesen werden, und vielleicht gelingt's mir, da es im Grunde so leicht ist wie Kolumbus' Kunststück mit dem Ei, und nur das entschlossene Opfer der Gegenwart verlangt.*
Man erkennt hier, warum die Droste bei ihren *gottlob geringen Bedürfnissen* es in Entscheidungssituationen immer vorgezogen hat, innerhalb der Familie zu bleiben und bei kleinem, aber relativ regelmäßigem Einkommen lieber hier um ihre Freiheit zu kämpfen als auf dem literarischen Markt die Ellbogen zu benutzen.

Der Bornstedt ihre Schreiberei bedeutet nicht viel, doch verdirbt sie keinen Stoff ganz, ist in alle Sättel gerecht, und liefert, wie die Verleger es verlangen, bald eine Erzählung, bald einen Operntext, Gedichte, Heiligenlegenden, aber immer anonym, und hat schon viel Geld damit verdient. Du hast wahrscheinlich schon was von ihr gelesen, ohne es zu wissen, denn sie paradiert fast in allen Taschenbüchern und Journalen. Sie ist Berlinerin, Konvertitin und erinnert mich 100mal an Tante Dorly, obwohl sie zehnmal mehr Verstand und 100mal mehr Geist hat. Sie hat mich zu ihrer Herzensfreundin erwählt, ich mag sie aber nicht besonders. Dagegen gefällt mir die Tante Hohenhausen (nicht zu verwechseln mit Elise von Hohenhausen) ungemein. Sie ist schon alt, bucklig und äußerst schwächlich, aber die Güte, Freundlichkeit und vor allem die Bescheidenheit selbst. Die Bornstedt verachtet sie ihres etwas altfränkischen und sehr einfachen Stiles halber, und weil sie nichts als ein kleines Bändchen Erzählungen geschrieben, worin auch nicht ein einziger Knalleffekt vorkömmt. Ich aber weiß wohl, daß ich sehr froh sein würde, wenn ich so gut erzählen könnte, und daß die Bornstedt in ihrem ganzen Leben nicht so gut schreiben wird. So halte ich der Bornstedt resolut die Stange, die zuweilen ihren Übermut gegen diese liebenswürdige sanfte Person gar nicht zurückhalten kann, aber wenn sie *schweigt, so tue* ich *es desto weniger und bin auch nicht aufs Maul gefallen.*

Annettes Gedichtband von 1838 ist, unter anderem von Schücking, sehr schmeichelhaft rezensiert worden; Freiligrath hat sie gelobt:

Sag der Bornstedt ja nichts hiervon, d. h. von dem, was Schück [ing] mir gesagt; es muß natürlich vor ihr ein tiefes Geheimnis bleiben, denn sie ist schrecklich ehrgeizig und würde mir eher eine Million gönnen, als einen bestimmten Vorzug in literarischer Hinsicht. Ich weiß dieses und erzähle ihr daher immer von Leuten, denen ihre Schriften gefallen haben, und sie mir dagegen immer von solchen, denen meine nicht *gefallen haben, freilich mit dem größten Bedauern und Exklamationen über schlechten Geschmack, aber sie erzählt es mir doch!* Dir *wird sie es auch so machen, gib nur acht! Und doch ist sie so überaus gutherzig und hat mich wirklich lieb, aber dies ist stärker als sie, ihr Ehrgeiz ist wirklich krampfhaft.*

Laßberg, den die Bornstedt auf einer Reise mit ihrer Tante Frau von Bismarck besuchte, war sehr eingenommen von ihr und sorgte auf ihren Wunsch für den Kontakt mit dem Stuttgarter *Morgenblatt für gebildete Stände,* das später mit dem Abdruck der *Judenbuche* auch den Durchbruch für die Droste bewirkte: *Doch sind einige ihrer Gedichte aufgenommen und somit der Verkehr eingeleitet. Ich denke, dieses kann ihr von Nutzen sein, nicht nur in pekuniärer Hinsicht, sondern auch in Beziehung auf ihre Stellung.*

Kurz danach schreibt die Droste: *Die Bornstedt ist von einer Reise mit ihrer Tante (einer Frau von Bismark) sehr erheitert und wohlaussehend zurückgekommen. Die Tante ist vermögend und angesehn; so war dieses ein kurzer Sonnenstrahl von Wohlhabenheit und fester Stellung für sie. Jetzt sind die alten Sorgen und schwankenden Verhältnisse wieder eingetreten, und sie büßt das vorübergehende Glück mit einem tieferen und bitteren Gefühl ihrer Lage. Sie tut mir doch leid in der tiefen Niedergeschlagenheit, die sie jetzt nur momentan unter einem erzwungenen Aufblitzen verbergen kann. Ich habe sie leichtsinnig sorgloser geglaubt, als sie ist, und fühle jetzt wohl, daß manches Störende und scheinbar Outrierte in ihrem Wesen nur aus dem Zwange, das fortwährende und sehr erklärliche Unbehagen zu verbergen, hervorgeht. Es ist hart, sich so Tag für Tag sein Stückchen Brot zu verdienen, und auf eine Weise, die nicht mal wie das Handwerk einen goldenen Boden hat, sondern einen von Triebsand, der ihr unaufhörlich unter den Füßen fortrutschen will und auch wirklich bald hier, bald dort einsinkt und sich ebenso unsicher wieder aufbaut.*

Gegenüber der Freundin Elise Rüdiger hat sich die Droste mündlich wegen der verleumderischen Reden der Bornstedt über Annette und Schücking geäußert, jetzt entschuldigt sie sich für ihre Heftigkeit:

So sagte ich zwar damals nichts, was ich nicht noch heute als meine wirkliche Ansicht wiederholen würde, aber dennoch stellte ich alles auf die Spitze, und mir war weder das Gute gegenwärtig, was sich dagegen in die Wagschale legen läßt, noch die mannigfachen Bedrängtheiten jenes armen Geschöpfs, die nicht nur das

Mitleid in Anspruch nehmen, sondern auch die Gerechtigkeit, da eine solche Lage wohl dem Besten einen bittern gehässigen Ton geben könnte und es demjenigen, dessen ganze Existenz von dem Wohlwollen anderer (sowohl des Publikums als einzelner) abhängt, notwendig unendlich schwer werden muß, sich ganz frei von Doppelsinn und einem gewissen mißtrauischen Neide gegen andre zu erhalten. Gott weiß, wie ich selbst in ihrer Lage wäre! Sie hat eine lange Reihe von Sorgen, Kränkungen, getäuschten Erwartungen durchgemacht und hat doch manchen weichen gutmütigen Augenblick daraus gerettet; ich fürchte, mich hätte so etwas gänzlich abgestumpft und verhärtet. Da haben Sie mein demütiges Bekenntnis. Erinnern Sie mich daran, Elise, wenn mal wieder der Zensor in mir die Überhand nimmt!

Obwohl die Bornstedt *eine wahre Pest für Münster* ist und ihr alles zuleide tut, was sie kann, bedauert die Droste sie wegen ihres windigen Bräutigams und ihrer schlechten Lage, da sie sich mit vielen Leuten überworfen und nicht einmal mehr Klavierschüler hat; sie schreibt an Schücking:

Zu meinen Gedichten ist noch manches recht Gelungene hinzugekommen und die Pastete bald gar. Dann habe ich aber einen Plan damit, den ich Dir nur im tiefsten Vertrauen mitteile, und über den ich voraussehe, sehr ausgeschumpfen zu werden. Liebes Herz, die arme – freilich nicht besonders schätzbare – Bornstedt ist sehr, sehr unglücklich, von jedermann verlassen, in eine Melancholie versunken, daß man allgemein für ihren Verstand fürchtet, von ihrem Liebhaber fortwährend schändlich betrogen und geplündert – während man in ihrem jetzigen Zustande es nicht wagen darf, eine Aufklärung herbeizuführen – und gewiß *in großer Geldnot, vielleicht hungernd, obwohl sie alle dergleichen Andeutungen mit stolzer Empörung zurückweist; aber sie hat* keine einzige *Stunde mehr. Nähern werde ich mich ihr* nie *wieder, aber ich müßte ein Stein sein, um kein Mitleid zu fühlen. Zum letzten Mittel, dem Erwerb durch Schriftstellerei, ist sie jetzt auch unfähig, obwohl sie sich noch einmal zusammengerafft und bei Anwesenheit des Königs ins Unterhaltungsblatt ein gar nicht schlechtes Lobgedicht hat rücken lassen, auf das sie die glänzendsten Luftschlösser von Gnade, Pension et cet. baute, was ihr aber nichts eingebracht hat als Spott und einen dummen, unverdienten Ekelnamen vom Publikum. Nun hat sie sich, gewiß mehr aus Not als Eitelkeit, an Velhagen & Klasing um eine zweite Auflage ihrer »Pilgerklänge« gewendet – durch Nanny Scheibler – und die furchtbar demütigende Antwort erhalten, »daß er dieses nicht anders übernehmen könnte, als wenn sie ein Empfehlungsschreiben von* mir *beibrächte«. (Ich bitte Dich, Levin, sei jetzt nicht malitiös, sondern setz Dich einmal in ihre Lage und was sie leiden muß.) Nanny hat ihr dieses getreulich wiedergesagt, und es versteht sich, daß die Bornstedt lieber erfriert und verhungert, als mir darum ankömmt. Was meinst Du nun, liebes Herz? Du bist doch gottlob auch einer von denen, die den glimmenden Docht nicht verlöschen und das geknickte Rohr nicht zerbrechen. Soll ich nicht unter Forderung der strengsten Verschwiegenheit Velhagen meine Gedichte umsonst anbieten, falls er der Bornstedt ein ordentliches Honorar zukommen läßt, ohne ihr den Grund anzugeben?*

Aus dem Plan wird nichts, weil sich die Bornstedt unter Hinterlassung einiger Perfidien in die Schweiz begeben hat, wo sie immer noch auf die Heirat mit dem windigen Bräutigam hofft, der sich inzwischen als Graf herausgestellt hat, über dessen Namen man sich jedoch nicht recht einigen kann. Aber auch dort vermag sie sich nicht zu halten:

Denken Sie sich das Malheur: die Bornstedt kömmt wieder! *und ich möchte schreien wie Frau Kratzefoot im Reineke de Voß: »O waih, o waih, se is allerdinge do!« Da ist sie zwar noch nicht, aber wir können sie jede Stunde erwarten, und ich glaube jetzt beinahe, daß sie schon lange im klaren ist und nur gehofft hat, die desperaten Umstände durch eine vom Könige ersungene Pension noch heuratbar zu machen; Sie wissen, daß sie bei der Anwesenheit* desselben *sich in Neufchâtel eingestellt, mit scharfen Rekommandationen dem General Pfuhl ein Gedicht übergeben und dieser ihr dafür hundert Taler vom Könige verschafft hat. Zum Dank dafür hat sie ihm jetzt einen groben Brief geschrieben: »So sei's nicht gemeint gewesen! Was ihr die lumpigen hundert Taler helfen könnten? Sie hätte wohl eine Pension verdient, und er hätte sie ihr auch verschaffen können! Wie die Umstände jetzt wären, würde wohl aus ihrer Heurat nichts werden und sie nach Münster zurückkommen« et cet. Gegen die Madame Glaß hat sie allmählicher eingelenkt; zuerst ein Brief voll Überdruß der Schweiz: »die Alpen machten ihr Blut erstarren, das Klima sie krank und noch melancholischer wie in Münster«; dann einer: »die Verwandten ihres Nikolaus seien fatale, habgierige Leute, die Hindernisse auftürmten, er selbst aber beharre in heißer, standhafter Liebe und bemühe sich mit allen Kräften um ein Amt«; und zuletzt vor vierzehn Tagen: »es sei ein Familienrat gehalten, wo man herausgebracht, daß sie wohl kein sicheres Einkommen habe; somit sei, wenigstens vorläufig, alles aus, und sie werde wahrscheinlich nach Münster zurückkommen«. Sie dauert mich doch vom Herzen; wovon soll das arme Ding leben, da ihre paar Stunden jetzt längst besetzt sind! Und ihre Möbel sind auch hin, für so elendes Spottgeld, daß sie nicht mal ihren müden Körper dafür wieder in ein Bette bringen kann. Daß sie sich der schweren und dabei nutzlosen Aufgabe unterwirft, wieder in Münster aufzutreten, wo sie weder Brot noch Freunde findet, kann ich mir nur daraus erklären, daß ihr Flügel noch dort steht, ihr Wagen und Pflug, ohne den sie gradeweg betteln oder verhungern muß, und zu dessen Transport sie gewiß kein Geld hat; denn sie lebt schon lange nicht mehr bei Verwandten in spe, sondern im Gasthofe. Der Schrecken in Münster ist so allgemein, daß einem überall wie ein Freimaurergruß entgegenkömmt: »Haben Sie schon gehört? Um Gottes willen, die Bornstedt kömmt wieder!« Alle, die, solange sie hier war, aus Barmherzigkeit noch gut von ihr sprachen, haben nachher ihr Herz so derb ausgeschüttet, daß sie sowohl ihrer eignen Reden als dessen, was sie jetzt von andern erfahren, wegen sich nicht mehr mit ihr befassen können; kurz, sie ist in der öffentlichen Meinung gänzlich ruiniert und fortan ein so armes Geschöpf, daß man viel schlimmer sein müßte als sie selbst, um ihr etwas nachzutragen. Umgehen werde ich nicht mehr mit ihr, aber – wird mein gutes Kind mir böse, nennt es mich eine langweilige, inkonsequente Person, wenn ich wieder auf den alten Velhagenschen Plan zurückkomme? Sie ist so gar arm und mein Beutelchen sonst viel zu klein! Wollte mir Cotta ein ordentliches Honorar geben, so könnte ich dieses an Velhagen schicken mit der Bitte, es der Bornstedt unter der bewußten Rubrik einzuhändigen, und das Versprechen einer späteren Arbeit für seinen Verlag hinzufügen. So wäre der Sache nach allen Seiten genug getan; aber Cotta wird mir nichts geben! Jedenfalls muß ich erst abwarten, ob die Bornstedt wirklich kömmt, wie sich ihre Lage gestaltet, und ob sie die Unterhandlung mit Velhagen wieder aufnimmt; durch Nanny Scheibler erfahre ich das alles, d. h. indirekt durch die Rüdiger, denn Nanny weiß natürlich nichts von meinem Plane.*

Wieder wurde das Vorhaben nicht verwirklicht:

Jenes angenehme Muster – die Bornstedt – hat wieder neue Schicksäler, die aber zu unserm Vorteile ausfallen; sie kömmt jetzt nicht *nach Münster, sondern hat sich für den Winter eine Einladung von der Bocarmé zu prokurieren gewußt, bei der sie wahrscheinlich schon in Paris sitzt; im Sommer will diese sie dann nach Luzern zurückbringen, wenigstens lautet ihr Brief an die Präsidentin Scheibler so. Ich wette, sie hofft dort auf eine Gelegenheit, ihren Nikolaus mit Vorteil zu vertauschen. Nach demselben Briefe soll die Tante Bismark eine schriftliche Erklärung von sich gegeben haben, sie zu ihrer Erbin einzusetzen. Das kann allerdings Sensation machen – wahr oder unwahr, wenn sie es nur geschickt ausbeutet – sowohl in Luzern als Frankreich, wo es Aventuriers genug gibt, die für zehntausend Taler des Teufels Großmutter heuraten würden, und ich glaube jetzt wirklich, sie bringt ihr rostiges Räderwerk noch in Gang. Ich wünsche ihr all das Gute, das sie nicht verdient! Nur weit weg! [...] Fingen die Bornstedt und das Reden über sie nicht an mir gründlich langweilig zu werden, so könnte ich Ihnen einige höchst lächerliche Essorts erzählen, die sie gemacht hat, um dem Franzosen zu gefallen, und die so über alle Beschreibung klatrig ausgefallen sind; als Bornstedtiana hat das alles kein Interesse mehr, aber für einen komischen Roman gäb' es himmlische Szenen.*

Aber auch die hochfliegenden Absichten der Bornstedt, sich auf dem Pariser literarischen Markt zu lancieren, schlugen fehl:

Von der Bornstedt wissen wir nur, daß es ihr wahrscheinlich kläglich geht. Ihre Briefe von Paris waren brillant; sie paradierte in der Hautevolee, in von der Gräfin geborgter Garderobe, rotem Samt und Brillanten, badete sich in Eau de Cologne und gab sich selbst als von den ersten literarischen Notabilitäten auf Händen getragen an. Balzac habe behauptet, nachdem er ihren »Ludgerus« gelesen, die Westfalen müßten doch ein greulich dummes Volk sein, daß sie einen solchen Schatz nicht anzuerkennen gewußt et cet. Mit einem Male wurde sie mäuschenstill, und von Arnsberg, wo eine Schwester der Gräfin Bocarmé wohnt, kam die Nachricht, daß diese sich gänzlich mit ihr überworfen und sie ohne weiteres vor die Tür gesetzt habe; was sie nun anfängt, weiß Gott.

Endgültig von dem Schweizer Grafen löste sich die überall unmöglich gewordene Frau auf den Druck der Kirche:

Von der Bornstedt weiß man nur, daß sie ohne Zweifel lebt, da sie Gedichte ins »Abendblatt« geben kann. Sonst sind die neuesten Nachrichten steinalt und des Inhalts, daß vor mehreren Monaten der Generalvikar von Luzern ihrem Freunde, Pastoren von Herbern, geschrieben hat, er möge, wenn er einiges christliches Interesse für dieses Frauenzimmer fühle, sie bereden, Luzern zu verlassen, wo alle Umstände – ihre einsame aventurière-mäßige Stellung, der greuliche Ruf ihres ganz herabgekommenen Bräutigams und die Abneigung und das Gerede seiner Verwandten über sie – ihren Aufenthalt zu einem völligen Skandal machten; worauf dieser ihr etwas derb zugeredet, respektive geschrieben und, als letzten schlagenden Grund seiner Gewalt, eine gewisse Pension – von der sie, wie es scheint, in Münster zumeist gelebt – einzuziehen erwähnt, was sie dann auch richtig nach Magdeburg zur Tante Bismark getrieben hat, doch nicht ohne zuvor ihr Herz in einem langen Briefe an Madame Glaß zu entladen, der von nichts als »Neid *und dem schwarzen Complott gegen zwei Beneidete, dem sich sogar hohe Geistliche angeschlossen«, spricht. Hoffentlich erwähne ich hiermit ihrer zum letzten Male, sie möchte sich denn noch durch einige Erfolge in der Literatur uns bemerklich machen, was ich dem armen Dinge doch von Herzen gönnen möchte, da die Feder am Ende ihr einziger Wagen und Pflug bleibt und bisher ihre kurzen Triumphe immer von so langen und reellen Leidensperioden gefolgt wurden, daß das Schicksal ihr wirklich einige nachhaltige Freude schuldig ist. Lieber Levin, ich weiß, Sie werden nie von selbst darauf kommen, etwas von ihr zu rezensieren, weder gut noch schlimm, aber sie könnte Ihnen als Teil eines Ganzen, in Taschenbüchern et cet., unter die Feder geraten; dann bitte seien Sie nachsichtig, bedenken Sie, daß Sie ihr mit ein paar Worten das Brot aus dem Munde nehmen können! Schämt sich Wolfgang Menzel nicht, L. Wieses greulichen Märchenwald und Beda Weber uns als Muster vorzustellen, werden sogar Laurian Moris und Fraling (!!!) hier und dort als Autoritäten angeführt, so darf man doch auch der Bornstedt zuerkennen, was ihr wirklich gehört: immer viel Phantasie, zuweilen Lebendigkeit und mitunter sogar einige Feinheit in Saloncharakteren. Ich sehe hier Ihr Gesicht, Levin, etwas spöttisch, etwas verdrießlich. Sie haben das alles auch mal gefunden und schämen sich dessen beinahe. Lieb Kind, die ausgezeichnete Schreibart Ihrer Frau hat Sie verwöhnt; es geht Ihnen wie einem Table-d'hote-Gaste, der wieder Hausmannskost versuchen soll und nun nicht begreift, wie er dergleichen jemals hat herunterbringen können; aber hinter vortrefflich folgt noch gut und dann noch löblich in Einzelheiten.*

Schückings Ruf als Kritiker war zwar noch nicht so allbestimmend wie der Wolfgang Menzels, der in seinem *Literaturblatt,* einer Beilage des Stuttgarter *Morgenblatts für gebildete Stände,* durch eine Rezension von Gutzkows *Wally die Zweiflerin* unter dem Titel *Unmoralische Literatur* das Verbot der Schriften der sogenannten Jungdeutschen – Heine, Gutzkow, Wienbarg, Mundt, Laube – mitbewirkt und ihre literarisch begründete Existenz aufs schwerste geschädigt hatte; dennoch hat die Droste aus diesem 1835 vorgefallenen Ereignis, das die bis zur Revolution 1848 sich nur noch verschärfende öffentliche Verfolgung politisch unliebsamer Literatur eingeleitet hatte, die verheerende Wirkung der Literaturkritik kennengelernt, wenn sie sich von politischen Interessen benutzen läßt oder sich in deren Dienst stellt.
Luise von Bornstedt verschwand damit weitgehend aus dem Blickfeld der Droste, vor allem weil Madame Glaß, die letzte Vertraute Bornstedts und Informantin der Droste, 1846 im Kindbett starb. Sie war keine bedeutende Schriftstellerin, aber eben eine von unzähligen, die vergleichbare Schicksale hatten, die sich mit »krampfhaftem« Ehrgeiz, mit Aufdringlichkeit, Verleumdungen, Täuschung und Selbsttäuschung auf dem literarischen Markt zu etablieren suchten, sich mit tönenden Namen und hochmögenden Bekannten schmückten, die mit Kritik und Publikumsgeschmack buhlten und ihre Literatur mehr und mehr unter dem Gesichtspunkt der Ware, der Verpackung und letztlich der Einträglichkeit zu betrachten gezwungen waren. Von den nahezu 200 Romanen und Novellenbänden Levin Schückings, des freien Schriftstellers, tönt kaum ein Echo in unsre Tage; das adlige Fräulein Annette von Droste-Hülshoff, die ökonomisch gesehen ein Fossil war und von einer kleinen Leibrente im Schoß ihrer Familie lebte, konnte sich eben deswegen darauf konzentrieren, wie zitiert, in hundert Jahren gelesen zu werden:

Ach Gott, wie dankbar muß man dem Himmel doch sein, wenn er einem eine, wenn auch bescheidne, doch unabhängige Existenz

Levin Schücking nicht lang nach der Meersburger Zeit

verliehen hat! Ich denke immer mit Beschämung, wie miserabel ich mich in einer ähnlichen Lage machen würde, und fühle den tiefsten Respekt vor solchen mutigen Kämpfern mit den Verhältnissen.

Ich will damit keine einfache Kausalbeziehung herstellen, aber es ist wohl nicht bestreitbar, daß große Talente wie Schücking, hätten sie nicht unter permanentem Publikationsdruck gestanden, in Annettes Terminologie wenn nicht vortreffliche Werke, dann doch wenigstens gute und nicht bloß *löbliche in Einzelheiten* geschrieben hätten. Genau das wirft sie ihm vor:

Ihr »Schloß am Meere« habe ich gelesen und recht schön gefunden; es ist ein höchst brillanter Roman, voll Geist und Leben, der, wie ich höre, auch schon überall gelesen wird. Nur von einem, was Ihren Schriften allzu leicht anhängt, ist auch diese nicht ganz frei: Sie halten sich nicht immer in gleicher Höhe; große Wahrheit wird mitunter durch Affektiertes, oft nur einzelne Ausdrücke, gestört; Szenen voll der tiefsten Feinheit durch solche, nach denen man wenig Menschenkenntnis voraussetzen sollte. Zu den letzten gehört die Unvorsichtigkeit der Gräfin, ihr schweres politisches Geheimnis schiffbrüchig, auf feindlichem Boden und, nachdem sie noch eben von der Gefahr der Entdeckung gesprochen, dem ersten besten preiszugeben, und zwar einem Manne, der ihr fatal und unheimlich erscheint, und ganz ohne Not, da er ihr auch als einer Fremden die Aufnahme nicht verweigert und sie sonst nichts von ihm will. Ich denke mir, Levin, Sie haben diese Szene und die damit verbundene, von der etwas weniger, aber doch hinlänglich unstatthaften Offenherzigkeit Luisens, in einer verdrießlichen Stunde geschrieben, wo Ihnen die Arbeit zum Halse heraushing und Sie nur eilig etwas von der Hand schlagen wollten. Ich kenne meine Pappenheimer! Sie greifen dann gleichsam mit der vollen Hand in die Tinte und setzen dem reizendsten Gesichte einen Flecken auf, der schwerlich für ein Schönpflästerchen durchgeht. Danken Sie Gott, daß soviel Vortreffliches diesem entgegenwirkt; aber warum soll ich nicht mal etwas ganz Vollkommenes von Ihnen sehn?

Warum spielen Sie sich selbst solche Streiche?
Um so zorniger wird Annette, wenn Levin Schücking und nun vollends seine Frau, *die ich mir noch immer à la Bornstedt denke,* in ihren Gedichten ungefragt herumkorrigieren:

Und ein anderes Mal, was mich wirklich arg enttäuscht hat, zuerst eine ganze Seite voll Weihrauchqualm: sie sei ganz berauscht von Entzücken: So habe noch niemand geschrieben! Ich sei bestimmt, der Stolz meines ganzen Geschlechts zu werden! et cet. – und nun auf der andern Seite, von Levins Hand, eine Menge Stellen meiner Gedichte, die ihm schon früher bekannt und sehr lieb waren, und die er nun mit einer Ängstlichkeit verändert wünscht, daß man sieht, wie sie ihm jemand fatal und lächerlich gemacht hat, und dann als Nachsatz: »Mein Luischen kömmt eben herein und will sich wohl totlachen, daß ich Sie noch erst um Erlaubnis frage; sie meint, ›alles das, was ich abgeändert wünsche, seien ja lauter Unmöglichkeiten!, und ich hätte zu Ihrem eigenen Besten frisch drausloskorrigieren sollen, ohne Sie lange zu fragen; sie wolle mir noch eine Menge anderer Unmöglichkeiten zeigen et cet.‹« Was sagen Sie dazu? Ist das nicht echt Bornstedtisch? Ich habe nichts hierauf geantwortet (d. h. auf den Nachsatz), fürchte aber, das Stückchen lange nicht zu vergessen, nicht der Beleidigung halber, sondern weil ich besorge, einen tiefen unglücklichen Blick in ihren Charakter getan zu haben.

Der Vergleich Luise von Galls mit der Bornstedt, das wissen wir jetzt, ist so ziemlich das Schlimmste, was die Droste der Frau ihres geliebten Levin in Gedanken antun kann. Aus der Vermutung heraus, die Gall verschlimmbessere ihre Gedichte, nimmt sie Schükking, bevor sie ihm die Herausgabe ihrer Gedichte anvertraut, ganz gegen frühere Gepflogenheit jedes Recht auf selbständigen Eingriff in ihren Text:

Sie sehn, Levin, ich möchte gern alles für Sie tun, was ich kann; nun geben Sie mir dagegen aber auch ein Versprechen, und zwar ein ernstes, unverbrüchliches, Ihr **Ehrenwort,** *wie Sie es einem*

Manne geben und halten würden, daß Sie an meinen Gedichten auch nicht eine Silbe willkürlich ändern wollen. Ich bin in diesem Punkte unendlich empfindlicher, als Sie es noch wissen, und würde grade jetzt, nachdem ich Sie so dringend gewarnt, höchstens mich äußerlich zu fassen suchen, aber es Ihnen nie *vergeben und einer inneren Erkältung nicht vorbeugen können. Habe ich bei Ihrem »Romantischen und malerischen Westfalen« über manches weggesehn, so traten dort Umstände ein, die besondere Berücksichtigung verlangten: wir waren uns noch um vieles fremder; Sie, ein angehender Schriftsteller in unbequemen Verhältnissen, der seine ganze Hoffnung auf diese Arbeit setzte, hatten mich um die Balladen gebeten – von den prosaischen Notizen spreche ich nicht, das waren eben nur Notizen zu beliebigem Gebrauch – und waren nun, sobald sie Ihnen mißfielen, in der verzweifelten Lage, aus Höflichkeit mit blutendem Herzen Ihr eignes Werk, nach Ihrer Ansicht, verderben zu müssen. Fühlen Sie nicht, daß, sobald ich dies einsah, meine Lage noch viel epinöser war als die Ihrige und ich meinen Schultern um keinen Preis eine solche Verantwortung aufladen durfte? Sie können also keine Parallele von damals zu jetzt ziehn, und wenn Sie es dennoch tun, so täuschen Sie sich auf eine für unser so liebes und fruchtbringendes Verhältnis höchst traurige Art. Ich bitte Sie dringend, Levin, seien Sie diesmal nicht leichtsinnig, lehnen Sie lieber die ganze Sache ab, wenn Sie ihrer nicht sicher sind. Haben Sie mir aber Ihr Ehrenwort gegeben, so stelle ich Ihnen alles mit dem vollsten Vertrauen zu und will Ihnen dann die Sache möglichst erleichtern. Sie mögen mir nämlich, da ich sämtliche korrigierte Brouillons bewahrt habe, nur Gedicht, Strophe und Zeile bezeichnen, wo Sie Veränderungen durchaus nötig finden – eine Arbeit, die sich beim Durchlesen auf einem zur Seite liegenden Blatte schnell und leicht macht – und ich schicke Ihnen dann mit der nächsten Post womöglich* mehrere *Lesarten zur Auswahl. Diese Korrekturen dürfen aber nicht von* Ihrer *Hand gemacht werden. d. h. im Manuskript, was Cotta geschickt wird, sondern*

eine **fremde** *muß es tun. Den Grund begreifen Sie: hat Hauff seinen Glauben an meine Scharlatanerie so weit getrieben, Ihnen meine »Judenbuche« zuzuschreiben, so würde er hiernach keinen Augenblick zweifeln, daß Sie meine Gedichte erst durcharbeiten, eh sie sich dürfen sehn lassen, und einen so kränkenden und, wie Sie am besten wissen, so durchaus ungerechten Argwohn werden Sie doch nicht auf Ihr Mütterchen bringen wollen. Es mag mir mitunter schaden, daß ich so starr meinen Weg gehe und nicht die kleinste Pfauenfeder in meinem Krähenpelz leide; aber dennoch wünschte ich, dies würde anerkannt. Es wäre mir deshalb lieb, Sie könnten Kolb, der ja doch so oft zu Ihnen kömmt, auf eine ungezwungene Weise meine eingeschickten Varianten zeigen; sonst bleibt es doch immer verdächtig, daß eine fremde Hand drüberher gewesen ist.*
Solchen Eigensinn, solche Selbständigkeit kann sie sich leisten, weil sie nicht darauf angewiesen ist, dem Publikum zu gefallen; sie traut sich auch gegenüber dem versierten Kritiker Schücking diese Selbständigkeit zu, seit sie mit der ohne Rücksicht auf Publikumsgunst geschriebenen *Judenbuche* dennoch allgemeinen Beifall geerntet hatte.

Ferdinand Freiligrath (1810–1876) schrieb zusammen mit Schükking *Das malerische und romantische Westphalen* (1840–42); einige Balladen der Droste wurden aufgenommen, und an Schükkings Beiträgen war Annette durch eine Reihe von Notizen beteiligt, die sie ihm zum freien Gebrauch überließ. So kannte sie vieles von Freiligraths persönlichen Umständen und verfolgte sein Schicksal. Bis zu dem literarischen Erfolg, den ihm seine *Gedichte* 1838 verschafften, lernte und arbeitete er in kaufmännischen Berufen; 1840/41 lebte er von seinem Autorenhonorar – die *Gedichte* hatten bis 1896 neunundvierzig Auflagen – heiratete und erhielt 1842 wie Emanuel Geibel vom preußischen König ein Jahrgehalt. Während er in seiner Dichtung zunächst exotische Themen behandelt, dann die Wende zu Heimatdichtung genommen hatte, trat er unerwartet 1844 mit einem poetischen *Glaubensbekenntnis* zum

Liberalismus hervor, verzichtete auf die königliche Pension und schloß sich den Dichtern des Vormärz an. Als Radikaler verfolgt, mußte er 1845 ins Schweizer, dort ausgewiesen ins englische Exil. Nach der Revolution 1848 versuchte er in Deutschland wieder Fuß zu fassen, mußte jedoch wegen seiner *Politischen und sozialen Gedichte* (1849–51) wieder nach England und konnte erst 1868, durch eine nationale Subskription seiner 1870 erschienenen *Gesammelten Werke* finanziell gesichert, nach Deutschland zurückkehren.

Die Droste, deren erster Gedichtband wie der Freiligraths 1838 erschien, zeigte sofort großes Interesse an dessen Gedichten, hielt es aber wie alle Münsteraner, selbst die reichen: Sie kaufte das Buch nicht, sondern lieh es sich aus – später beklagte sie, daß es den Münsteranern genügt, wenn einer ein Buch besitzt, die andern leihen es alle bei ihm. Freiligrath seinerseits schätzte Annettes Gedichte:

Auch Freiligrath, der neulich in Münster war, ließ mir sagen – doch ich will es Dir umständlich erzählen. Freiligrath war denn in Münster und erhielt durch Schücking eine Einladung in unser Kränzchen. Ich war den Tag dunsch und wollte nicht kommen; Freiligrath ließ auch absagen und machte statt dessen sich einen lustigen Abend mit einigen jungen Leuten. Am andern Tage kam Schücking ganz affairiert und geheimnisvoll zu mir, mir tausend Grüße von Freiligrath zu bringen; er lasse mir sagen, meine Gedichte seien wunderschön, und er hätte viel darum gegeben, mich kennenzulernen; nun ich aber absagen lassen, möge der Henker das ganze Kränzchen holen. Ich freue mich, ihn nicht gesehn zu haben, er muß ein kompletter Esel sein. So ein Ladenschwengel braucht wahrhaftig nicht zu tun, als ob unser Kränzchen ihm die Schweine hüten müßte! Sein schneller und gigantischer Ruhm hat ihn ganz rapplicht gemacht. Man weiß doch auch bei Euch von ihm? Hier in Norddeutschland sind die Leute ganz wie betrunken von seinen Gedichten; schön *sind sie auch, aber* wüst.

Das ungebundene Poetenleben, das sich Freiligrath nach dem Erfolg seiner *Gedichte* schmecken ließ, war dem züchtigen Fräulein zuwider; sie fürchtete für ihren Levin:

Er ist seit acht Tagen zurück von einem Besuche bei Freiligrath, mit dem er in einem freundschaftlichen, jedoch nicht enthusiastischen Verhältnisse zu stehen scheint. Er hat Freiligrath gern und spricht ihn völlig frei von der Schuld eines wüsten Lebens, womit das Gerücht sein Talent jetzt so gern verdunkeln möchte. Dessen Vorschlage, zu ihm zu ziehen (ins Städtchen Unkel am Rhein, drei Stunden von Bonn) und sich rein der literarischen Fortuna anzuvertrauen, scheint er jedoch nicht geneigt, und mit Recht. Ein Schriftsteller ums liebe Brot ist nicht nur Sklave der öffentlichen Meinung, sondern sogar der Mode, die ihn nach Belieben reich macht oder verhungern läßt, und wer nicht gelegentlich sein Bestes und am tiefsten Gefühltes, Überzeugung, Erkenntnis, Geschmack, verleugnen kann, der mag sich nur hinlegen und sterben, und der Lorbeer über seinem Grabe wird ihn nicht wieder lebendig machen. Ich hoffe noch immer für Schücking Besseres, obgleich seine Kenntnisse von der am wenigsten gesuchten Art sind.

Wie gern berichtet die Droste, die soeben Schücking die Arbeit in Laßbergs Bibliothek vermittelt hat, von einem neuen Besuch bei dem Dichter, der inzwischen geheiratet hat:

Den Freiligrath hat er ganz verändert gefunden; er geht gar nicht aus, arbeitet wie ein Pferd und trinkt keinen Tropfen Wein; die Frau scheint ganz das Regiment und den Knopf auf dem Beutel zu haben. Als Schücking da war, hat er ihm doch gern etwas zugute tun wollen, es aber nicht anders anzufangen gewußt, als daß er einige Visiten mit ihm gemacht hat, wo er hoffen konnte, daß ihnen ein Glas Wein vorgesetzt würde, was denn auch geschehn ist. Die Frau ist sehr hübsch und auch gescheut, aber zeremoniös, voll Sentenzen, und überhaupt durch und durch eine Gouvernante (was sie auch früher war); sie erinnerte in Wesen und Redensarten sehr an Adele [Schopenhauer], nur viel strenger und alles mehr auf

Ferdinand Freiligrath, Schückings Freund

die Spitze stellend, und sie hat, während Schücking da war, ihrem Manne ein paarmal über einige unbedachte Worte eine Szene gemacht, daß dieser ganz betrübt darüber ist und fürchtet, sie werde den guten Anfang wieder verderben. Es wäre traurig, da in Freiligrath doch eine sehr gute Natur zu stecken scheint und er sich gern bessern will.

Ein Zeitschriftenprojekt *Britannia* scheiterte jedoch, *für ihn ein harter Schlag, da er seine nächste Existenz auf die Herausgabe dieses Blattes gegründet und auch wohl darauf seine Frau genommen hat;* Schücking unkt bereits über seine *abnehmende Dichtergabe,* und bald vermutet die Droste ihn in Not. Der bekannte Germanist Karl Simrock stellt Annettes *Judenbuche* als das Beste in dem Genre des regionalen »Sittengemäldes« über Freiligraths Leistungen in diesem Fach und bittet sie zugleich, sich über Schücking empfehlend für ihn einzusetzen, damit er über die kleine preußische Pension hinaus Einkünfte als Hofmeister hätte:

Kenntnisse besitze er hinlänglich und sei übrigens jetzt sehr verändert und von den wilden Ranken gesäubert. Ich machte ihn aufmerksam darauf, daß dieses nicht hinlänglich sei und ein Hofmeister geradezu vorleuchten *müsse durch musterhafte Ordnung, musterhafte Sitten, Konsequenz et cet. und endlich ein feines, höchst taktvolles Benehmen unerläßlich sei. Simrock schien es hierbei etwas gelb und grün vor den Augen zu werden, doch meinte er, manches hiervon habe sich bereits durch den Umgang mit der Frau eingefunden, die ihm auch immer hülfreich und überwachend zur Seite stehn würde, und – der Hauptgrund blieb, daß die Sache sehr erwünscht wäre. Lieber Levin, der arme Freiligrath dauert mich selber, Du kennst ihn durch und durch: kannst Du ihm mit* Ehre und gutem Gewissen *anhelfen, so brauche ich Dich gewiß nicht dazu anzutreiben; aber gib Dich nicht aus Rekommandieren ins Zeug hinein; bedenk, daß Deine eigne Stellung noch sehr unsicher ist und Du diese und Dich selbst arg kompromittieren könntest, ohne dem Freiligrath dauernd zu nützen, wenn Du ihn*

Luise von Gall, Schriftstellerin, Schückings Frau

unter eine Bürde schöbst, die vielleicht durchaus nicht für seine Schultern gemacht ist.

Als Schücking sich, ohne die Dame gesehen zu haben, aufgrund eines geistreichen Briefwechsels mit Luise von Gall verlobte, schrieb ihm seine besorgte Ersatzmutter:

Heurate nicht so leichtsinnig, wie Du Dich verlobt hast! Hat der Himmel es gnädig mit Dir gemacht, statt Deiner geprüft und gewählt und Dir in Luisen ein Kleinod gegeben, was Du wohl ahnden, aber durchaus noch nicht als echt erkennen konntest (bei Deiner Verlobung), so fordre ihn nicht zum zweiten Male heraus durch den Bau einer Häuslichkeit auf den armseligen lockern Triebsand bloß literarischer Erfolge. Sieh Freiligrath an! Du sagst, er sei glücklich; es mag sein; so viel weiß ich aber, daß er trotz seiner Pension, die Deiner Braut Vermögen ungefähr aufwiegt, und trotz seiner Kinderlosigkeit in sehr beengter Lage ist, und alles, was Dich an ihm stört, seine veränderte Stimmung sowie die bittre seiner Frau, sind ohne Zweifel teilweise, wo nicht ganz Folgen derselben.

Schon zitiert ist Annettes Reflexion über die Vergänglichkeit eines auf Mode beruhenden literarischen Ruhms anhand von Freiligraths Beispiel; es paßt für sie ins Bild, daß auch sein Überwechseln zur Poetengruppe der Jungdeutschen ihm keinen neuen Ruhm einbringt:

Über Freiligrath geht's arg her, zwar nicht ärger als er verdient, aber dennoch dauert er mich. Ehrgeizig und dabei ohne Takt und innere Bildung, wie er einmal ist, haben sie ihn erst durch jede Art von Hohn und Herabsetzung halb toll gemacht, und nun er ihren Willen tut, schlagen sie erst recht auf ihn los. Wenn ich denke, wie ihm zumute sein mag – arm, mit einer kranken Frau, von den alten Freunden verlassen, von den neuen fast zurückgestoßen – es würde mich nicht wundern, wenn er aus Desperation sein altes Schlaraffenleben wieder anfing und endlich miserabel als Bettelbriefschreiber endigte. Es würde mich doch grausen, wenn es so

käme! Aber die Möglichkeit ist leider vollkommen da. Vom bloßen Dichten kann auf die Dauer niemand leben, zur Prosa gehören Vielseitigkeit, natürlicher Stil und Kenntnisse, drei Dinge, die Freiligrat[h] alle gleich sehr fehlen, und zu irgendeinem literarischen Amte, z. B. Redaktion et cet., soll er ja gänzlich unfähig sein. Es steht eben kein Glücksstern über den Detmolder Poeten, und ich muß mit Betrübnis und einem Art Schaudern an Freiligraths Mahnruf an Grabbe denken, den er so recht im Glanz seines Glücks und seiner Protektormacht schrieb. Lieber Gott! wenn ihm damals jemand gesagt hätte: »Nach 4–5 Jahren prophezeit man Dir ein ähnliches Ende, und Du fürchtest es vielleicht selbst insgeheim.«
Daß Freiligrath seine Pension zurückgegeben hat und nur noch revolutionär agitiert, wird von der Öffentlichkeit im Blick auf seine Frau Ida mißbilligt:

Auch von der Freiligrath sprach meine Weimaranerin, wie bildschön und anmutig sie in ihrer Blüte gewesen, und wie aufgebracht ihre Freunde, daß Freiligrath jetzt jeden soliden Erwerbszweig von sich weise und Idan samt ihrem nächstens ankommenden Kinde den Bettelstab vorbereite.

Die Droste selber hielt gar nichts von der Revolution und Demokratie; dazu glaubte die *ultraloyale Seele* zu sehr an die Rechtmäßigkeit der überkommenen Institutionen und gab, wie anfangs dargelegt, allein einer geistigen Umkehr eine Chance, die Probleme der Zeit zu lösen:

Freiligraths »Leipzigs Toten« habe ich gelesen, oder vielmehr Luischen hat es mir vorgelesen (NB. die liest ja wunderschön vor!), und ich finde es doch recht schön und fürchte, es wird Schaden genug anrichten. Kraß ist's zwar hinsichtlich der Grundsätze bis zur Scheußlichkeit, aber sonst weniger schwülstig und mit Ausrufungen überladen als manche seiner früheren Gedichte und muß auf Gleichdenkende und selbst noch Schwankende einen unseligen Einfluß ausüben, da ich ultraloyale Seele mich nicht enthalten konnte, tief davon ergriffen zu werden, als so entstellend und boshaft ich es auch erkannte. Aber mein Mitleiden mit Freilig[rath] ist rein tot – mag's ihm schlecht gehn! Er verdient's nicht besser!

Am meisten mußte die Droste schmerzen, daß auch Schücking sich wenn nicht der revolutionären, so doch einer stark politisierten liberalen Richtung anschloß:

Fürs erste schickt er mir seine Gedichte, worin er als entschiedener Demagog auftritt! Völkerfreiheit! Preßfreiheit! Alle die bis zum Ekel gehörten Themas der neueren Schreier.

Schückings satirischer Roman auf den westfälischen Adel, *Die Ritterbürtigen* (1846), brachte die Droste *in den allgemeinen Verdacht, [...] ihm das Material zu seinen Giftmischereien geliefert zu haben:*

Schücking hat an mir gehandelt wie mein grausamster Todfeind und, was unglaublich scheint, ist sich dessen ohne Zweifel gar nicht bewußt. Gottlob darf ich mir keine Indiskretionen vorwerfen, aber mein Adoptivsohn! jahrelanger Hausfreund! O Gott, wer kann sich vor einem Hausdiebe hüten! Er hat mich über manches, was mir Nahestende betraf, befragt, über Intentionen, Handlungen, die einen Schatten auf sie zu werfen schienen, und meine warme Verteidigung benutzt, um kleine Umstände daraus zu stehlen, die den von nächster Hand Unterrichteten bezeichnen, und sie dann nicht nur mit alle den Flecken, von denen ich sie mit Recht zu reinigen suchte, sondern auch mit allen Zutaten einer des Juif errant würdigen Phantasie an den Pranger gestellt. Dies ist mein direktester Anteil an seiner Schuld, mein indirekterer, aber noch schädlicherer ist, daß ich ihn in mehrere Familien und bei so manchem einzelnen Freunde, den ich für sein Fortkommen zu interessieren wünschte, eingeführt, mich für seinen Charakter verbürgt und ihm dadurch Gelegenheit gegeben habe, sich die pikantesten für einen Roman brauchbarsten Persönlichkeiten zu merken und zu diesem Zwecke anderwärts sie betreffende Partikularitäten aufzulesen, natürlich je krasser und unwahrscheinlicher, desto mehr Hoffnung auf literarischen Erfolg! Schlüter! ich bin wie zerschlagen. O Gott, wieweit kann Schriftstellereitelkeit und die Sucht, **Effekt** *in der Welt zu machen, führen! selbst einen sonst gutmütigen Menschen; denn das bleibt Sch[ücking], die Gerechtigkeit nötigt mich, dies selbst in diesem schweren Moment anzuerkennen.*

So wie es für die Droste ausgemacht ist, daß Freiligrath um eines Knalleffekts auf dem literarischen Markt, um der Wiederaufrichtung seines Ruhms willen die politische Wendung genommen hat, so differenziert sie hier genau zwischen Schückings gutem Kern und der Deformation, die er sich mit seiner zwanghaften Umtriebigkeit auf dem literarischen Markt selbst zufügt und mit der er den besten Freunden schadet. Das traurige Muster des freien Literatentums bestätigt sich für sie an einem weiteren alten Freunde aus Münster, Wilhelm Junkmann (1811–1886), der sie kurz vor ihrer letzten Reise nach Meersburg noch einmal aufsuchte:

Junkmann besuchte mich dreimal. Sie haben recht, er ist der alte reine Charakter geblieben, aber ich fürchte, er geht bürgerlich zugrunde; er hat jeden Gedanken an ein Doktorexamen und überhaupt eine feste bürgerliche Stellung aufgegeben und exaltiert sich in der Idee, als freier Literat die Hydra des Zeitgeistes zu bekämpfen – freier Literat! Das ist die grade Straße zum Bettelstabe! wenigstens für ihn, dem Fruchtbarkeit und populäre Schreibart so gänzlich fehlen, gewiß! Ich machte ihm die beweglichsten Vorstellungen, auch von Schlüters Seite, der mich eigens dazu beauftragt, doch zuerst, und zwar gleich, ehe er alles vergessen, sein Examen zu machen, um jedenfalls einen Broterwerb im Hinterhalte zu haben. Er lachte aber so krampfhaft und wild, daß es mich ordentlich grauste und rief: »Hoho! Brotstudium! Das sind mir die rechten Philister! Da erkenne ich das echte münsterische Pfahlbürgertum, wo ihr noch alle bis über die Ohren darin steckt! Ich bin aber seitdem mit vielen andern Leuten umgegangen und längst weit darüber weg! Im schlimmsten Falle kann ich ja alle Tage Kapuziner werden.« Dann zog er einen Fünftalerschein aus der Tasche und sagte: »Sehn Sie, das ist alles Geld, was ich noch habe, aber das macht mir nichts!« Und nun ging das krampfhafte Lachen und Herzählen seines künftigen glorreichen Wirkens, und wie er alles zu Boden donnern wolle, wieder an. Muß einem da nicht bange bei werden? Ich fürchte, wir erleben noch traurige Dinge an ihm! Es ist nicht möglich, daß ein Körper dieser ewigen Aufgeregtheit, diesem furchtbaren Andrange von Ehrgeiz und Überspannung auf die Dauer widerstehen kann.

Sie hat nicht mehr erlebt, daß Junkmann doch noch Philister und Pfahlbürger wurde und als Professor der Geschichte an der Universität Breslau starb. Die Bornstedt, Freiligrath, Schücking, Junkmann, sie alle sieht sie einem einzigen Lebensmuster folgen, dem Syndrom der freien Schriftstellerexistenz – Abhängigkeit vom Markt, den Moden, der Kritik, dem Publikumsgeschmack; Hektik und Getriebenheit, keine Zeit und Konzentration zur Vollendung eines Werks; die unerfüllbare Doppelheit der Ansprüche an Originalität und an Klassizität oder wenigstens an Attraktivität für eine möglichst breite Leserschaft; die Deformation der Gesinnung durch die Bedürfnisse des Marktes und die Notwendigkeit, Bücher zu verkaufen; die Deformation der Persönlichkeit und die Zerstörung menschlicher Beziehungen durch die Notwendigkeiten der ständigen Eigenwerbung, der literarischen Ausschlachtung persönlicher Erlebnisse, die Vermarktung des eigenen Images. Von ihrem Kanapee aus, auf dem sie mit untergeschlagenen Beinen zu sitzen liebte, hat die Droste diese Schriftsteller-Existenzen, die Etablierung des Lebensmusters eines freien Schriftstellers beobachtet, die deformierenden Konsequenzen oft schmerzlich erlitten und mit der Aufmerksamkeit und Präzision einer Soziologin analysiert und beschrieben.

Annette von Droste-Hülshoff (Handzeichnung Adele Schopenhauers)

Die Droste und ihr literarischer Erfolg

Sie selbst war nicht nur politisch ein *armes loyales Aristokratenblut,* sondern konnte aufgrund ihrer Entscheidung, mit wenig auszukommen und sich der Überwachung durch die Familie nie zu entziehen, sich vornehmen und daran halten, *nie auf den Effekt zu arbeiten.* Das bedeutete nicht, daß sie gänzlich ohne literarische Vorbilder und Anregungen gearbeitet hätte; so haben Freiligraths *Gedichte* sicher manche Exotismen bei ihr provoziert, und einmal stellt sie fest, anläßlich des nach einer längeren Unterbrechung wiederaufgenommenen Westfalenbuchs *Bei uns zu Lande auf dem Lande:*

Das Buch wird gewiß ein ganz anderes, als es vor zwei Jahren, wo ich den Entwurf machte, geworden wäre, und doch lag es auch damals wahrlich nicht an meinen Kinderschuhen. Aber die Manier Washington Irvings und einiger französischer Genremaler hatte doch mehr auf mich influiert, als ich mir bewußt war, und keine Manier hält vor; ist sie nach einigen Jahren verbraucht, so wird sie vorläufig um so viel widriger als die eigentliche Schreibart, [so] wie altmodisch widriger ist als altfränkisch, und jeder, dem damals ein Plan steckengeblieben ist, freut sich hintennach, daß er den Purzelbaum nicht hat mitmachen müssen.

Weil sie sich aber bewußt davon freihielt, mit ihren literarischen Arbeiten ihren Lebensunterhalt zu verdienen, brauchte sie nie in ihre Entscheidungen über Stoff, Gattung, Darstellungsart ihrer Werke den Gedanken einfließen zu lassen, womit sie den schlagendsten Erfolg erzielen könnte, welchen Autor sie aus der augenblicklich herrschenden Publikumsgunst verdrängen müßte. Der Gefahr, gedankenlos im Zeitgeschmack mitzutönen, war sie sich wohl bewußt; nicht umsonst geht sie im Anfang des folgenden Gedichts auf ihr eigenes Schicksal als Frühgeburt ein, die nur durch die Fürsorge einer Amme am Leben blieb:

Der zu früh geborene Dichter

Acht Tage zählt' er schon, eh ihn
Die Amme konnte stillen,
Ein Würmchen, saugend kümmerlich
An Zucker und Kamillen,
Statt Nägel nur ein Häutchen lind,
Däumlein wie Vogelsporen,
Und jeder sagte: »Armes Kind!
Es ist zu früh geboren!«

Doch wuchs er auf, und mit der Zeit
Hat Leben sich entwickelt,
Mehr als der Doktor prophezeit,
Und hätt er ihn zerstückelt;
Im zähen Körper zeigte sich
Zäh wilder Seele Streben:
Einmal erfaßt – dann sicherlich
Hielt er, auf Tod und Leben.

In Büchern hat er sich studiert
Hohläugig und zuschanden
Und durch sein glühes Hirn geführt
Zahllose Liederbanden.
Ein steter Drang – hinauf! hinauf!
Und ringsum keine Palme;
So klomm er an der Weide auf
Und jauchzte in die Alme.

Zwar dünkt' ihn oft, bei trübem Mut,
Sein Baldachin von Laube
So köstlich wie ein alter Hut,

Wie 'ne zerrißne Haube;
Allein dies schalt man »eitlen Drang,
Mit Würde abzutrumpfen!«
Und alles, was er sah, das sang
Herab vom Weidenstumpfen.

So ward denn eine werte Zeit
Vertrödelt und verstammelt,
Lichtblonde Liederlein juchheit
Und Weidenduft gesammelt;
Wohl fielen Tränen in den Flaum
Und schimmerten am Raine,
Erfaßte ihn der glühe Traum
Von einem Palmenhaine.

Und als das Leben ausgebrannt
Und fühlte sich vergehen,
Da sollt wie Moses er das Land
Der Gottverheißung sehen:
Er sah, er sah sie Schaft an Schaft
Die heil'gen Kronen tragen,
Und drunter all die frische Kraft
Der edlen Sprossen ragen.

Und Lieder hört' er, Melodien,
Wie ihm im Traum geklungen,
Wenn ein Kristall der Gletscher schien
Und Adler sich geschwungen;
Durch das smaragdne Riesenlaub
Sah er die Lyra blinken
Und über sie gleich goldnem Staub
Levantes Äther sinken.

O, wie zusammen da im Fall
Die alten Töne schwirrten,
Im Busen die Gefangnen all
Mit ihren Ketten klirrten!
»Ha, Leben, Jahre! und mein Sitz
Ist in den Säulenwänden,
Auch meine Lyra soll den Blitz
Durch die Smaragden senden!«

Ach, arme Frist, an solchem Schaft
Mit mattem Fuß zu klimmen;
Die Sehne seiner Jugendkraft,
Vermag er sie zu stimmen?
Und bald erseufzt er: »Hin ist hin!
Vertrödelt ist verloren!
Die Scholle winkt, weh mir, ich bin
Zu früh, zu früh geboren!«

Hielt sich die Droste von dem Hürdenlauf um die Gunst des Publikums, der Kritiker und Verleger fern, so stellte sie sich ihre eigenen Hindernisse auf: Lyrische Aussage fiel ihr leicht, also versuchte sie lange erzählende Gedichte und Prosaerzählung, um sich auf diese Weise das Bewußtsein der Leistung zu verschaffen. Schücking tadelte sie deswegen und wies darauf hin, daß sie mit den Verserzählungen *Das Hospiz auf dem großen St. Bernhard, Des Arztes Vermächtnis, Die Schlacht im Loener Bruch,* entstanden zwischen 1834 und 1838, nicht erfolgreich gewesen war. So kam es in Meersburg 1841 zu der denkwürdigen Wette, mit der die Droste sich gewissermaßen selbst unter Schreibdruck setzte und bloß, um Schücking die Leichtigkeit und deshalb Verächtlichkeit ihrer Lyrikproduktion zu beweisen, in kurzer Zeit ihre bedeutendsten Gedichte schrieb; Schücking berichtet:

Daß das lyrische Gedicht ihr eigentlichster Beruf, war die Ansicht und Überzeugung, die ich dann zu verfechten pflegte; nicht ohne die Dichterin dabei wohl mit einer längeren ästhetischen Auseinandersetzung zu begünstigen, wie es jedoch geraumer Zeit bedürfen würde, um mit einer Sammlung lyrischer Gedichte vor die Welt treten zu können, weil eben die lyrischen Stimmungen und Empfindungen nicht alle Tage kommen und eine neue Blüte treiben, sondern nur von Zeit zu Zeit, wenn einmal irgendein Sturm oder eine Strömung unser Leben ergreift und den schlummernden Meeresspiegel des Gemüts ins Wogen und Wellenschlagen bringt. Das Fräulein hörte mir dann meist mit einem skeptischen Lächeln um ihren kleinen, anmutigen Mund zu; auch eines Morgens in der Bibliothek, wo sie meinen Arbeiten zuschaute; hoffärtig hatte sie mehrmals den Kopf in den Nacken geworfen, wie ein mutiges Pferdchen, und was aus ihren Augen mich anblickte, sah weit mehr wie gutmütiger Spott über die ästhetische Doktrin, die ich entwikkelte, aus, denn als ein Einverständnis damit.
Annette von Droste dachte wohl nicht gerade in diesem Augenblick an das Goethesche:

Gebt ihr euch einmal für Poeten,
So kommandiert die Poesie –

aber gewiß ist, daß sie sich in diesem Augenblick stark genug dazu fühlte, sie herbeizukommandieren – daß sie in sich einen Reichtum des Gemüts, der Empfindung und der Gedanken fühlte, aus dem sie gewiß war, nur immer schöpfen zu können, ohne den Schatz zu mindern: eine Fülle lyrischer »Stoffe«, die ja eigentlich und im ganzen von ihr noch gar nicht angetastet und angebrochen war. Sie meinte deshalb mit großer Zuversicht, einen reputierlichen Band lyrischer Gedichte werde sie mit Gottes Hilfe, wenn sie gesund bleibe, in den nächsten Wochen leicht schreiben können. Als ich widersprach, bot sie mir eine Wette an und stieg dann gleich in ihren Turm hinauf, um sofort ans Werk zu gehen. Trium-

phierend las sie am Nachmittag bereits das erste Gedicht ihrer Schwester und mir vor, am folgenden Tage entstanden gar zwei, glaub' ich – meine Doktrin erhielt von nun an fast Tag für Tag ihre wohlausgemessene und verdiente Züchtigung. So entstand in weniger Monate Verlauf, in jenem Winter von 1841 bis 1842, die weitaus größte Zahl der lyrischen Poesien, welche den Band ihrer »Gedichte« füllen.

So selbstbewußt, wie sie in dieser Schilderung Schückings erscheint, durfte sie anfangs nicht auftreten. Die Mutter mußte sie, die immerhin Vierzigjährige, um Erlaubnis bitten, ihre Gedichte drucken lassen zu dürfen, der Name durfte nur als »A. v. D.-H.« auf dem Titelblatt erscheinen, damit die Familie nicht ins Gerede kommen sollte.

Mit meinem Buche ging es mir zuerst ganz schlecht. Ich war in Bökendorf mit Sophie und Fritz allein, als es herauskam, hörte nichts darüber und wollte absichtlich mich auch nicht erkundigen. Da kömmt mit einem Male ein ganzer Brast Exemplare von der Fürstenberg an alles, was in Hinnenburg lebt, an Fränzchen, Asseburg, Diderich, Mimy, Anna und Ferdinand, Thereschen, Sophie. Ferdinand (Galen) gibt die erste Stimme, erklärt alles für reinen Plunder, für unverständlich, konfus und begreift *nicht, wie eine scheinbar vernünftige Person solches Zeug habe schreiben können. Nun tun alle die Mäuler auf und* begreifen alle miteinander nicht, *wie ich mich habe so blamieren können. Sophie, die, wie Du weißt, nur zu viel Wert auf der Leute Urteil legt, und einen mitunter gern etwas demütigt, war unfreundlich genug, mir alles haarklein wiederzuerzählen, und war in der ersten Zeit ganz wunderlich gegen mich, als ob sie sich meiner schämte. Mir war schlecht zumute, denn obgleich ich nichts auf der Hinnenburger Urteil gab und auf Ferdinands noch weniger (der erst einige Tage zuvor von Goethe gesagt hatte, er sei ein Dummkopf und in* einer *Zeile von Schillers »Freude! schöner Götterfunken!« mehr enthalten als in allem, was Goethe geschrieben, vorzüglich sei sein Lied vom* Fischer *der*

Gipfel des Erbärmlichen, was denn der Inhalt sei? – ein gemeiner barfüßiger Kerl, der auf die langweiligste Weise so lange ins Wasser gucke, bis er hereinplumpe et cet.) – obschon nun, wie gesagt, das Urteil eines solchen Kritikers mich wenig rühren konnte, so mußte ich doch zwischen diesen Leuten leben, die mich bald auf feine, bald auf plumpe Weise verhöhnten und aufziehn wollten. Sophie war auch wie in den Schwanz gekniffen und legte gar keinen Wert darauf, daß nach und nach ganz andre Nachrichten aus Münster kamen, sondern sagte jedesmals: »Es ist ein Glück für Dich, daß Du diesen Leuten besseres Urteil zutraust als allen *Hinnenburgern und Ferdinand Galen.« Onkel Fritz war der einzige, den dies gar nicht rührte, und dem das Buch auf seine eigne Hand gefiel; doch wünschte ich mich tausendmal von dort weg.*

Hier angekommen, fand ich das Blatt gewendet. Die Gedichte wurden hier zwar nur wenig gelesen, da die meisten sich scheuen, an eine so endlose Zahl Verse zu gehn; aber die es gelesen hatten, erhoben es, ich muß selbst nach meiner Überzeugung sagen, weit über den Wert. Es waren bereits, als ich ankam, drei Rezensionen heraus. Eine zwar von einem Freunde, Lutterbek, die andern aber von Gutzkow im »Telegraphen« und von einem Ungenannten, der sich [Zeichen] unterzeichnet, im »Sonntagsblatte«, und alle drei bliesen so enorm, daß mir ängstlich darüber wurde; denn es nutzt nichts, über sein Verdienst erhoben zu werden; es reizt andre nur zum Widerspruche und kömmt gewöhnlich ein Eimer kaltes Wasser hintennach. Jetzt schreibt mir Adele Schopenhauer, der ich ein Exemplar geschickt, daß es in Jena großen Beifall finde; sie müsse ihr Exemplar immer ausleihen, und der Buchhändler Friedrich Frommann, bei dem schon viel Nachfrage deshalb gewesen, habe es bei Hüffer bestellt, gegenwärtig schrieben O. B. L. Wolff und Kühne jeder eine Rezension darüber, mit der ich würde zufrieden sein können, da sie wüßte, daß beide sehr dafür eingenommen wären, obgleich ich keine so allgemeine Lobhudelei erwarten dürfte wie im »Telegraphen«, sondern Lob, Tadel und völlige Anerkennung, was mir gewiß auch das liebste sein würde. Was will ich mehr? Es ist fast zuviel für den Anfang, und ich fürchte, das schlimme Ende kömmt nach.

Natürlich verdiente sie nichts an dem Buch, es verkaufte sich schlecht, und sie mußte 1844 die nicht weggegangenen Exemplare für 63 Taler zurückkaufen, um eine Klage des Verlags Aschendorff wegen der Veranstaltung der (natürlich stark erweiterten) Neuauflage bei Cotta zu vermeiden. Der unermüdlich für sie arbeitende Schücking plazierte immer wieder Arbeiten der Droste in den Feuilletons verschiedener Blätter und bereitete ihren Durchbruch zur allgemeinen Anerkennung vor, der mit der Veröffentlichung der *Judenbuche* in Cottas *Morgenblatt für gebildete Stände* gelang:

Ferner fand ich im »Morgenblatt« mein Gedicht an Junkmann, was sich ganz gut macht; und dann füttert es seit 10–12 Tagen sein Publikum so unbarmherzig mit meiner Erzählung, von Hauff »Die Judenbuche« getauft, daß alle Dichter, die sich gedruckt sehen möchten, mich verwünschen müssen; denn ich und noch ein anderer Prosaist haben vorläufig das Blatt unter uns geteilt und werden wohl in diesem ganzen Monat auch nicht ein fremdes Hälmchen aufkommen lassen.

Ich finde, daß sich meine gedruckte Prosa recht gut macht, besser und origineller als die Poesie, aber anders *wie ich mir gedacht, und Dein früheres Urteil hat sich, im Gegensatz zu dem meinigen, bestätigt. Der Dialog – dem ich jetzt einsehe durch Betonung beim Vorlesen sehr nachgeholfen zu haben – ist gut, aber doch unter meiner Erwartung und keineswegs außerordentlich; dagegen meine eignen Gedanken und Wendungen im erzählenden Stile weit origineller und frappanter, als ich sie früher angeschlagen, und ich hoffe, darin mit einiger Übung bald den Besten gleichzustehn; wenigstens nach* meinem *Geschmacke, der freilich immer ein Privatgeschmack bleibt, aber übrigens mir nicht schmeichelt und nur mit dem zufrieden sein wird, etwas ihn auch bei andern völlig befriedigen würde. Lachst Du mich aus, impertinenter Schlingel? Wer zuletzt lacht, lacht am besten! Es wird doch etwas Tüchtiges aus mir. Aber Du mußt zuweilen per Feder nachschieben. Weiß der Henker, was Du für eine inspirierende Macht über mich hast; seit ich bei diesem Briefe sitze, brennt's mir ordentlich in den Fingern, sobald das Siegel darauf ist, wie eine hungrige Löwin über die mir zugewiesenen Stoffe – »Deutschland im 19ten Jahrhundert« – herzufallen, und dann, meine ich, müsse es nur so in einem Strome fortgehen: Gedichte, Lyrisches, Balladen, Drama, was weiß ich alles. Das leibhaftige Eiermädchen! Wärst Du noch hier, mein Buch wäre längst fertig, denn jedes Wort von Dir ist mir wie ein Spornstich.*

Vorteilhafte Rezensionen stellen sich ein und werden den Verwandten und Bekannten gleich weitergemeldet: *Ich komme wirklich auf, woran ich eigentlich schon verzweifelt hatte.* Von überall her, literarischen Zeitschriften, Buchverlagen, erhält sie Angebote zur Mitarbeit und zur Publikation:

Ruf oder, wie Du es lieber nennst, Ruhm bekomme ich doch, dessen bin ich jetzt sicher; denn ich habe ihn schon zum Teil, dank dem von mir so verachteten »Morgenblatt«, und es ist mir seit Deiner Abreise in dieser Hinsicht viel Angenehmes passiert.

Vor allem werden die Angebote jetzt auch finanziell interessant, wobei sie immer wieder Schücking zur Beurteilung der Summe und der Seriosität des Verlags heranzieht. Sie selber übt ihre kriminalistische Psychologie und trägt Indizienbeweise über die verborgenen Absichten der Verleger zusammen:

Soeben wird mir ein Brief mit dem Postzeichen »Dresden« gebracht, von dem neuen Redakteur der »Abendzeitung«, Steigmieder, wenn ich die Hahnenfüße recht lese. Er bittet um Beiträge, und es ist komisch zu sehn, wie darin finanzielle Vorsicht mit der Furcht, durch ein schlechtes Gebot zu entfremden, kämpfen. Schönes Papier hat er genommen, mit Goldschnitt und Vignette: dafür muß ich wenigstens einen Taler per Bogen nachlassen;

Die berühmte Dichterin (stilisiertes Porträt)

demütig ist er wie eine Schuhbürste und weiß das »Untertänigst« und »Gehorsamst« nicht genug anzubringen: dafür mindestens zwei Taler Rabatt. Aber nun kömmt es zum Klappen: »Indem wir Hochdenenselben zwar die Stellung der Bedingungen, behufs definitiver Einigung, lediglich überlassen, offerieren wir Ihnen doch im allgemeinen vorläufig ein Honorar von mindestens *fünfzehn Taler à einen Bogen, in der Voraussetzung, daß das der Redaktion überlassene Manuskript vor Ablauf eines Jahres, von der Zeit des Abdrucks in der ›Abendzeitung‹ an gerechnet, nicht anderweitig abgedruckt wird et cet.« Finden Sie das unterstrichene »mindestens« nicht komisch? Mir kömmt es vor wie der Aussatzpreis bei Auktionen worauf nun gesteigert wird. Ich habe aber keine Lust zu dem Handel.*

Nun kommt sie auch auf den Geschmack, mit ihrer Schriftstellerei Geld zu verdienen.

Wegen des Honorars vom »Morgenblatt« muß ich Ihnen eine bestimmte Antwort geben. Lieber Levin, es kann kommen, daß ich in diesem Jahre eine doppelte Ausgabe habe, die mich zwingt zu nehmen und zusammenzuhalten, wie und wo ich kann. Vorerst geht Mama vielleicht nach Meersburg und ich mit ihr, und da das vorige Mal ausgemacht ist, daß ich beim nächsten Aufenthalte Kostgeld geben soll wie hier im Hause (100 RT. per Jahr), so kann ich die Reisekosten nicht wie damals durch freie Station aussparen; und dann kömmt meine Schwägerin nächstens in die Wochen. Gibt's ein Mädchen, so werden ich Patin und habe dann versprochen, als Angebinde 100 RT. für das Kind in die Lebensversicherung zu setzen, was gleich im ersten Jahre geschehn muß, wenn der Ertrag nicht bedeutend später und geringer sein solle. Nehmen Sie also das Geld vorläufig für mich ein und heben es auf! Werde ich Patin, so schreibe ich es Ihnen, und Sie schicken es mir sogleich, wo nicht, so möchte ich es gern in die Sparkasse meines kleinen Jungen [Schücking] legen, dessen Gedeihen mir ja sehr am Herzen liegt. Aber er muß es auch wirklich hineintun.

Schücking, dem sie die Verhandlungen mit Cotta betreffs der neuen Ausgabe ihrer Dichtungen überträgt, erhält detaillierte Anweisungen, aus denen deutlich hervorgeht, wie sehr sie an einem möglichst großen Honorar interessiert ist. Ihr zweites Interesse ist, durch dieselben Verhandlungen für Schücking eine Redakteursstelle bei der *Augsburger Allgemeinen Zeitung* zu sichern, die Cotta ebenfalls besaß. In der Tat hat Schücking diese beiden Verhandlungsgegenstände miteinander verknüpft, jedoch eher so, daß er die Annahme der Redakteursstelle von der Höhe des Angebots an die Droste abhängig machte. Sie aber kam sich als umworbene Dichterin nun auch geschäftlich ganz bedeutend vor:

Ihnen, *mein guter Levin, wollen wir suchen die Sache möglichst vorteilhaft zu stellen, und ich möchte um Ihretwillen herzlich wünschen, daß Cotta recht große Lust zu dem Handel hätte, d. h. nicht nur zu diesem, sondern auch zu den westfälischen Gemälden, woran ich nun gleich fortarbeiten werde, und was mir sonst noch prädestiniert ist. Sie könnten dann immer für denjenigen gelten, durch den ich allein mobil zu machen wäre, und ich würde jederzeit – und will auch* **jetzt** *– auf Bedingungen eingehn, wie ich sie mir von keinem andern würde gefallen lassen; d. h. solange Ihr Schicksal von Cotta abhängt, sonst, gestehe ich Ihnen, bin ich um einen Verleger gar nicht verlegen und wär' mir unter gegenwärtigen tristen Umständen der Meistbietende der liebste. Machen Sie ihm, Cotta, also gemäßigte Forderungen, und geht er nicht darauf ein, so sagen Sie ihm, aber erst* **hintennach,** *daß ich nicht der Art wäre, dergleichen unvernünftigerweise übel zu nehmen – einen plausiblen Vorwand wird er ja schon stellen – und deshalb seinem »Morgenblatt« nach wie vor Beiträge schicken würde; kurz, erhalten Sie ihn möglichst bei guter Laune und sich in dem Ansehn einer höchst einflußreichen Person.*

In der Tat gelang es Schücking, Cotta immer höher zu schrauben, indem er endlich sogar die Krankheit der Droste als Druckmittel einsetzte; im letzten Moment schloß er bei einer Auflage von 1200

Exemplaren mit 875 Gulden ab. *Eduard Mörike dagegen hatte für die erste Ausgabe seiner Gedichte (1838) bei einer Auflage von 1000 Exemplaren 330 Gulden erhalten, und sein Honorar stieg erst mit der zweiten Auflage auf 400 Gulden an.* Schon bei Cottas Angebot von 500 Gulden schreibt sie: *Mehr kann ich doch unmöglich erwarten!* und bittet um strenge Geheimhaltung:

Und **zweitens,** *reden Sie in Stuttgart gegen niemanden von meinen Gedichten, am wenigsten von dem Honorar. Die ersten könnten durchfallen, und ich würde dann mit meinen Erwartungen, selbst in Ihrem Munde, lächerlich; das letzte (Honorar) darf aus doppeltem Grunde nicht besprochen werden; das bereits* **zugesagte,** *weil Cotta andern viel weniger gibt (selbst Lenau und Uhland für die* **ersten** *Auflagen kaum über die Hälfte), somit gewiß ein Geheimnis daraus zu machen wünscht, dessen Ausplauderung mit dem größten Schaden auf mich zurückfallen würde. Das künftig zu* **hoffende,** *weil Cotta es mir nicht zugesagt hat, sondern nur geschrieben, er pflege in solchen Fällen (bei Schriftstellern, die er mir gleichstelle) bei der zweiten Auflage das Doppelte zu geben. Dies ist keine Zusage, obwohl (da er diese Äußerung ganz unaufgefordert getan hat) eine stark begründete Aussicht, und die gewöhnlichste Diskretion fordert von mir, daß ich darüber schweige, bis sich die Sache realisiert; vor allem in Stuttgart, wo Cotta selbst wohnt und mit ihm eine Masse Dichter, denen er nicht das gleiche zu geben willens ist.*

Sie hat sogar Gewissensbisse und befürchtet, Cotta könnte seine Großzügigkeit später Schücking heimzahlen; um es gutzumachen, möchte sie *eine Zeitlang unentgeltlich ins Morgenblatt* liefern. Dann befürchtet sie im Brief an Levin wieder, Cotta habe sein Angebot oder Schückings Stelle oder beides zurückgezogen: *Schreiben Sie also nur frisch von der Leber weg; schlimmer, wie ich es mir denke, steht's doch schwerlich, und leicht besser.* Um so zufriedener machte sie dann der Erfolg, das Gelesenwerden und die schmeichelhaften Rezensionen, obwohl ihre Zweifel hinsichtlich der Dauerhaftigkeit ihres Erfolgs sie nie verließen. Hinzu kam ihre skeptische Einsicht in die Interessegebundenheit des Rezensionswesens als eines Schauplatzes des immer härter und politischer geführten literarischen Kriegs der Jahre vor ihrem Tod; an ihr *zweites Ich* Elise Rüdiger schrieb sie:

Lieb Lies, mein Entschluß, mich von allen literarischen Bekanntschaften (außer von Ihnen) immer mehr zurückzuziehen, wird immer fester, so wie der, *niemals eine Rezension oder kritischen Aufsatz zu lesen. Sie sind bei der jetzigen Parteiwut und den überhandnehmenden persönlichen Antipathien und Sympathien immer einseitig, parteiisch und sehr häufig nicht einmal im Einklange mit dem eignen Urteile des Schreibers, der nur seinem Freunde zuliebe versucht, ob es ihm gelingen will, irgend einigen dummen Teufeln von Nachbetern Schwarz für Weiß vorzumachen. Das ist doch kläglich! Und doch wird manches sonst gesunde Urteil dadurch für Augenblicke konfus gemacht, obwohl es nicht nachhält, und jeder doch kauft und liest, was ihn freut, und liegen läßt, was ihm, trotz allen Lobpreisungen, nicht zu Gemüte will.*

So hat die Droste, entgegen ihren eigenen Erwartungen, doch einen beträchtlichen literarischen Ruhm schon zu ihren Lebzeiten erlangt, wurde Berühmtheiten ihrer Tage gleichgesetzt und hatte im Verhältnis zum übrigen *Federvieh,* wie sie es nannte, einen außergewöhnlichen finanziellen Erfolg mit der Veröffentlichung der Dichtungen sechs Jahre nach der ohne großes Echo gebliebenen ersten Gedichtausgabe. Der Unermüdlichkeit und dem Verhandlungsgeschick Schückings ist zweifellos viel davon zu verdanken – schließlich war dieser, ihr *Impresario,* selbst ein bekannter Kritiker, gesuchter Journalist und aufsehenerregender Romancier –, aber zweifellos auch der Tatsache, daß sie das Geschmacksdiktat und den Veröffentlichungsdruck des literarischen Marktes nie in ihre poetischen Überlegungen einbezog, sondern sich bei breitester Kenntnis antiker, mittelalterlicher, gegenwärtiger in- und ausländischer Literatur ihre eigenen Maßstäbe bildete, ihre eigenen

Schwierigkeiten und Hindernisse aufbaute, auf *das Zuströmen ungeborner Ideen [horchte], die mir im Kopfe summen wie Bienenschwärme, denen man den Korb verklebt hat. Ich weiß nicht, ist's Wahrheit oder Einbildung – bloßer Geist des Widerspruchs? Aber ich meine mich ganz besonders zum Produzieren aufgelegt und träume à la Tantalus von dicken Bänden voll Erzählungen, Gedichten et cet., die mir alle wie Wasser aus der Feder fließen würden.*

Ein Scherenschnitt Annettes

»Eine grandiose Grundbesitzerin«

Nun verrät uns die Droste noch, wofür sie das Geld ausgab, das ihr von der Leibrente (nach Abzug des Kostgelds) und den Honoraren für ihre schriftstellerischen Arbeiten blieb. Hier ist sie genau so loyal aristokratisch wie sie politisch denkt oder sich zum literarischen Markt verhält; ihre Ausgaben gehen im wesentlichen, typisch für Damen der Aristokratie, in Sammlungen, in die Unterstützung Bedürftiger und in den Erwerb von Grundbesitz. Interessant, daß Annette immer der Mutter gegenüber sich verteidigen muß, wenn sie in Not geratene Menschen ihrer Umgebung unterstützt. Da ist zum Beispiel Tony Galieris, deren verstorbener Bruder auf ihren Namen Schulden gemacht hat:

Bitte, Mama, sei nicht böse, ich weiß wohl, daß Du eigentlich nicht willst, daß man Tony zuviel Vorschub tut, damit sie haushalten lernt, aber hieran war sie doch nicht schuld. Nun habe ich aber wirklich kein Geld und muß mich freuen, wenn ich dieses Jahr mich ganz stillhalten und wieder aussparen kann. Bitte, schreib der armen Tony nichts darüber, es macht sie nur noch betrübter. Das Geld will ich wohl wieder aussparen, aber wenn Du mir böse darum wärst, das wäre mir sehr empfindlich.

Der Schwester gibt sie einmal einen ausführlichen Rechenschaftsbericht:

Ich habe Dir, nach meiner faulen Manier, lange nicht geschrieben, alte Jenny, und nun muß ich gleich mit etwas Unangenehmem anfangen, nämlich, daß ich Maman nicht werde nach dem lieben Meersburg begleiten können, weil ich durchaus kein Geld habe. Mama ist halbweg böse darüber und meint, es läge an meinem guten Willen, weil sie nicht weiß und auch nicht wissen darf, wie blutarm ich jetzt grade bin; sonst kriege ich noch einen tüchtigen Rabuff dazu, daß ich mein Geld auf die Zäune hänge, denn Mama ist darin wie Tante Stapel; sie hat nur Interesse für ihre *Armen, die aus dem Kirchspiel oder dem Paderbörnischen sind, und was ich etwa für andere tue, hält sie für weggeworfen, und ich muß es ihr verbergen, und wirklich habe ich seit ein paar Jahren auch sehr beschwerliche Abnehmer, Leute, denen mit ein paar Talern nicht geholfen ist und die mich – aufrichtig gesagt – dermaßen aussaugen, daß ich mir oft das Nötigste nicht anschaffen und an meine Liebhabereien natürlich nicht das geringste verwenden kann. Mama weiß nicht den dritten Teil davon und schnült mich doch immer aus.* Dir *will ich aber einiges aus diesem Jahre anführen, damit Du siehst, daß es mir durchaus an der Macht liegt, wenn ich nicht komme. Vorerst sitzt der Maler Sprick in Münster mit Frau und sechs Kindern, wovon das Jüngste mein Pätchen ist, und die Leute verhungern beinah, da alle Vornehme sich jetzt nicht anders wie von den Düsseldorfer Malern und alle aus der Mittelklasse von der Wenning malen lassen. Er hat eine Art Malerschule errichtet, was ihm aber nicht viel mehr als die Hausmiete einbringt, und weil er dazu ein paar große anständige Zimmer braucht und Mama diese gesehen hat, so gibt sie nichts auf seine Armut und wird verdrießlich, wenn ich ihn nur nenne. Ich aber weiß, wie elend sie sich behelfen, z. B. die Woche nur einmal Fleisch essen und Mann und Frau des Abends gewöhnlich nur ein Stück Brot und ein Glas Wasser. Er hat auch ganz gewiß die Schwindsucht und kann schon lange kein lautes Wort mehr reden. Da ich sie nun gut kenne und zuweilen hingehe, so kann ich das unmöglich so ansehn und lasse dann, wenn ich merke, daß es zu elend steht, von Zeit zu Zeit ein kleines Ölporträt malen, das Stück zu 2 Louisdor, damit sie sich so hinschleppen, bis, wozu alle Hoffnung ist, der Kunstverein im Herbste Spricks (zu aller Verwunderung) sehr schönes Ölbild Abrahams Opfer gekauft hat, was jetzt bald fertig ist. Dann ist vorerst geholfen, und er kömmt dann auch in Ruf, ich aber komme bis dahin zu einem sehr leeren Beutel, da ich, unter uns gesagt, dieses Jahr schon 5 Bilder habe malen lassen (sage es ja nicht an Mama, sie weiß nur von zweien), das sind 10 Louisdor und für mich ein schweres Geld. Dann wohnt im selben Hause mit uns in Münster*

Der Schreibtisch der Dichterin (jetzt im Droste-Museum Meersburg)

ein armer Theolog und Schützling von Junkmann, dem ich auch nicht habe umhin können, zwanzig RT. zu geben. Und Engels in Geldern will auch verhungern und tut einen Notschuß nach dem andern. Das ist noch lange nicht alles und nicht viel mehr wie die Hälfte von dem, was ich mir dieses Jahr für dergleichen habe abknappen müssen. Denn ich bin jetzt mit so vielen frommen und wohltätigen Leuten in Verbindung, daß ich nur immer die Hand in der Tasche haben muß. Wüßte Mama es so recht, ich müßte alle diese Bekanntschaften abbrechen. Du begreifst hieraus aber wohl, daß ich kein Geld habe oder vielmehr weniger wie kein *Geld, denn ich habe dieses Jahr noch nicht* eine *Rechnung bezahlt, gottlob aber auch sehr wenig gekauft. Ich bin übel dran mit Mama, die es mir für Gleichgültigkeit sowohl gegen Euch wie gegen sie auslegt, daß ich nicht mitgehe; doch hat sie jetzt selbst aus dem Wenigen, was sie weiß, zusammengerechnet, daß ich kein Geld übrig haben kann und ist nun wieder freundlicher.*

In den späteren Jahren ist es vor allem Pauline Schücking, Levins Schwester, der sie sich aus der alten Freundschaft zur Mutter verpflichtet fühlt:

Über Pauline kann ich mich leider nur mit Ihnen betrüben und weiß keinen Rat, sie scheint doch ein etwas fatales Persönchen zu sein, und ich fürchte, sie zu rekommandieren würde jedem nur Verdruß und ihr wenig Nutzen bringen, da man sie doch schwerlich behalten würde. Wüßte man, daß ihr Stolz echt genug wäre, um ihre Tugend immer zu schützen, so könnte man ihr nichts wahrhaft Wohlgemeinteres wünschen, als daß sie dahin käme, Kammerjungfer werden oder sich eine Zeitlang mit Stricken und Nähen erhalten zu müssen, ich fürchte, ohne eine sehr, sehr harte *Schule geht sie nicht in sich. Doch bitte ich Sie, lieb Lies, wenn es Ihnen möglich ist, mich fortwährend von ihrer Lage in Kenntnis zu erhalten, aufs Äußerste darf ich's doch nicht kommen lassen.*

Aber Schücking, der die Schwester für *eine ganz unbeschreiblich greuliche Person* hält, beruhigt Annette, *sie sei reichlich mit Gelde versehen, obwohl sie alle Welt in Briefen anbettele.* Annettes Mutter mag also recht gehabt haben, wenn sie befürchtete, die Gutmütigkeit der Tochter könnte durch Schnorrer ausgenützt werden. Auch sie selbst ist mit der Zeit vorsichtiger geworden:

Mama hat die T[abouillot] sehr hübsch gefunden, in dem Genre von Julchen Droste, nur viel hübscher, auch sanft und angenehm, aber sie hat es zu gut machen wollen, hat gesprochen wie ein sentimentales Buch, hat mich übermäßig gelobt und endlich eine lange Zeitung hervorgekriegt, aus der sie ein Gedicht von mir mit vielem Pathos vorgelesen hat. Das war der rechte Weg! Mama hat indessen freundlich mit ihr gesprochen, sie aber nicht eingeladen und sagte mir nachher, die Tabouillot scheine ihr eine gute unschuldige Frau, aber sehr genant, und ich möge ihr lieber aus dem Wege gehn. Mir ist's ganz recht, denn ich bin gewiß, die T[abouillot] würde mich ganz aussaugen an Beutel, Geist und Körper. Sie ist nämlich blutarm und muß sich und ihr Kind allein mit Schriftstellern ernähren, kann nichts anderes, hat keine Kenntnisse zum Unterrichtgeben und kein Geschick zum Arbeiten und macht ganz wässerige miserable Gedichte, die niemand umsonst brauchen kann. Bis jetzt hat sie die Kost (ich glaube auch Wohnung) bei ihrer Herzensfreundin Klementine Amelunxen eigentlich umsonst, d. h. für einen *Silbergroschen per Tag und, da sie persönlich sehr beliebt ist, hat bis jetzt noch jeder ihr zu Gefallen gekauft, subskribiert, Beiträge zu ihren Zeitschriften geliefert; aber das kann nicht lange mehr währen, die Leute werden es müde, schlechte Bücher zu kaufen, und die arme Klementine liegt ohne Hoffnung an der Schwindsucht, vor vier Wochen erwartete man täglich ihren Tod, jetzt hat sie eine kleine Aufrückung, aber die Ärzte geben gar keine Hoffnung. Du siehst, wohin eine Bekanntschaft mich führen würde. Es wäre eine zweite Sprícksche Geschichte, nur noch schlimmer, denn dort wurde nur mein Beutel in Anspruch genommen, und hier würde ich mich noch halb tot arbeiten müssen, um ihre Zeitschriften im Gange zu halten (natürlich umsonst), und an nichts*

Eigenes, Ordentliches mehr denken können. Ich will ihr gern aus der Ferne helfen, etwas Beiträge liefern, auch, wenn's mal soweit gekommen ist, sonstige Unterstützung, aber die Pflichten einer Freundin sind für mich in diesem Falle zu schwer. NB der Fraling hat seine Poesie an den Nagel gehängt, ist wieder ein Bauer geworden, hat sich vom Rhein eine fremde, aber kluge, arbeitsame Frau mitgebracht, und alles soll gut gehen. Die Eltern sind überglücklich und haben das fette Kalb geschlachtet, d. h. eine tüchtige Hochzeit gegeben zu Ehren der Wiederkunft des verlorenen Sohns.

Auch ihre Liebhabereien ließ die Droste sich etwas kosten. Sie sammelte Münzen, Mineralien, Versteinerungen und ließ sich dabei auch aufs Handeln und Tauschen ein. Daß sie dabei ganz raffiniert sein konnte, zeigt ihr Auftrag an die Freundin und Münzsammlerin Sibylla Mertens:

Du könntest mir einen großen Dienst erweisen, wenn Du mir [. . .] eine kleine Partie römischer schlechter Kupfermünzen einkauftest, von der Sorte, die am wenigsten kostet und die Du Schund nennst. Ich trokiere hier häufig mit einem Manne, der immer mit dem größten Eigensinn römische Münzen verlangt, ohne das mindeste davon zu verstehen. Ihm ist ein Licinius so lieb als ein Othon, nur sieht er gern, wenn sie gut konserviert sind. Grad jetzt hat er mir eine Partie sehr erwünschter Gegenstände angeboten, Urnen, Vasen, Lampen, auch Mineralien und Kupferstiche, aber – römische Münzen müßten dasein. Ich bitte Dich, Billchen, mache doch irgendeinen Handel so schnell wie möglich, denn der gute Mann will mich ganz nächstens besuchen, alle seine Herrlichkeiten im Wagen mitbringen und gleich bei mir lassen, wenn nur die Münzen zur Hand sind. Meine Dubletten sind erschöpft, und hast Du mir nicht bis dahin, d. h. vielleicht in den nächsten 8–10 Tagen, welche verschafft, so muß ich hergeben, was ich nur einmal *habe. Das wäre mir sehr schmerzlich, obgleich ich gewiß nicht das Beste wählen werde, oder vielmehr, ich würde mich dazu wohl nicht entschließen und den Handel fahren lassen, was auch hart wäre.*

Thurnsches Gütchen in Hinterhausen bei Konstanz (Ausschneidearbeit Annettes)

Über Ankäufe und Geschenke freute sie sich, fürchtete aber die Gegengeschenke. So hat Weihnachten 1836 sie reich und arm gemacht:

Geld muß ich haben, *sonst kann ich, bis zum Februar, gewiß nicht mit* **Ehren** *dies Haus verlassen, d. h. mit gehöriger Bezahlung der Trinkgelder, und die Reise könnte ich höchstens als wandernder Handwerksbursch unternehmen.*

Ihre Sammlungen wuchsen, bereiteten ihr aber auch Kosten für Gegengaben, oder sie verdarb sich die Augen mit dem Herstellen ihrer mikroskopisch genau gearbeiteten Scherenschnitte und Ausschneidearbeiten:

Ich habe seit kurzem enormes Glück mit Kaufen und Schenken gehabt. Z. B. im vorigen Jahre wünschte der arme Sprick zwölf köstliche alte Kupferstiche zu verkaufen, für die er – wie er meinte ein Spottpreis – fünfzehn Taler gegeben hatte, sie aber aus Not für fünf wieder ablassen wollte. Jetzt lasse ich auf ein mir unbekanntes

Das Fürstenhäuschen (Handzeichnung Annettes)

Kupferwerk in Schaffhausen bieten; es kömmt vorigen Dienstag an, drei Folianten, Preis vier Gulden, und enthält – außer **den zwölfen** *noch hundert gleich herrliche Kupfer, alle von demselben Meister. Wat segst Du over nu? Noch wohlfeiler wären die Geschenke, wenn ich nicht den hinkenden Boten, ich meine die frühere oder spätere Revanche, fürchtete. Wären die guten Leute alle Sammler, dann hülfe ich mir mit meinen Doubletten durch, nun aber wird noch mancher Groschen im Laden springen müssen. Alles macht mir Abschiedsgeschenke und Abschiedsbesuche, sodaß ich mein Leben mit melancholischem Lächeln und Händedrükken hinbringen muß; lächerlich wär' es, wenn die Wintgens nun ausblieben. Lottchen Ittner hat mir zweiundwanzig prächtige Kupferstiche geschenkt, Stanzen eine Medaille, die sich öffnen läßt, und zwölf wunderhübsch gemalte Augsburger Trachten enthält, Rüplins eine ganz ähnliche mit neunzehn Legendendarstellungen, der Oberst Ensberg Muscheln, Mineralien, Mosaik, Helene Laßberg, Fritzens Witwe, dito Muscheln; kurz, ich bin überreich und werde* *infolgedessen bald blutarm sein, wenn ich mir nicht mit dem Dir so verhaßten Ausschneiden teilweise durchhelfe.*

Annettes einziges großes selbständig getätigtes Geschäft aber war der Kauf des Fürstenhäuschens im Weinberg oberhalb Meersburgs, in dem heute auch das Droste-Museum untergebracht ist:

Jetzt muß ich Ihnen auch sagen, daß ich seit acht Tagen eine grandiose Grundbesitzerin bin. Ich habe das blanke Fürstenhäuschen, was neben dem Wege zum Frieden liegt – doch dort waren Sie nicht, aber man sieht es gleich am Tore, wenn man zum Figel geht – nun das habe ich in einer Steigerung nebst dem dazu gehörenden Weinberge erstanden, und wofür? Für 400 Reichstaler. Dafür habe ich ein kleines, aber massiv aus gehauenen Steinen und geschmackvoll aufgeführtes Haus, was vier Zimmer, eine Küche, großen Keller und Bodenraum enthält, und 5000 Weinstökke, die in guten Jahren schon über zwanzig Ohm Wein gebracht haben. Es ist unerhört! Aber keiner wollte bieten, dieses unglückliche Jahr bringt nur Verkäufer hervor.

Gottlob ist's kein armer Schelm, dem ich es abgekauft, sondern der reiche Großherzog von Baden, dem dies vereinzelte Stückchen Domäne lästig war. Früher gehörte es den Bischöfen von Konstanz, und der letztverstorbene ließ dies artige Gartenhaus bauen, wo er manchen Tag soll gespeist haben.

Die Aussicht ist fast zu schön, d. h. mir zu belebt, was die Nah- und zu schrankenlos, was die Fernsicht betrifft. Es ist der höchste Punkt dieser Umgebungen, gleich am Fuße des Hügels zwei sich kreuzende Chausseen, tiefer Stadt und Schloß Meersburg, die hier ganz niedrig zu liegen scheinen; als nächste Punkte darin (etwa tausend Schritt entfernt) und sich wunderschön präsentierend, rechts das alte Schloß, links das Seminar, von dem nachmittags der schöne Chorgesang so deutlich aufsteigt, daß keine Note verlorengeht; tief unten der See mit seiner ganzen Rundsicht, die Insel Mainau, Konstanz, Münsterlingen, das Thurgau, St. Gallen, auf der einen Seite nur durch die Alpen beschränkt (von denen ich hier noch die ganze *Tiroler Kette als Zugabe habe), von der andern durch die höchsten Kegel des Hegaus. Es ist eigentlich wunderbar schön, und die Meersburger halten dieses Fürstenhäuschen (auch der Hindelberg genannt) für eine unschätzbare Perle. Mir ist's aber fast zuviel und zauberhaft, und wie ich so droben die ganze Gegend kontrollieren kann, jeden Bürger, der auf die Gasse oder auch nur ans Fenster, jeden Bauern, der in seinen Hofraum tritt, so komme ich mir vor wie der Student von Salamanka, dem der hinkende Teufel die Hausdächer abgehoben hat, und mir ist beinahe sündlich zumute. Vom Häuschen bis zur Chaussee hinunter führt eine Steintreppe mitten durch die Reben, die ich zum Laubengange machen und auf der Häfte, mittelst zweier Ausbiegungen, mit ein paar niedlichen versteckten Ruhbänken versehen will. Unten ist die Treppe schon durch ein hübsches Gatterpförtchen verschlossen. Ich habe nichts zu tun als die nächsten Rebenreihen aufranken zu lassen und die kleine Rotunde in der Mitte zu besorgen, wozu ich nur drei oder vier Weinstöcke wegzunehmen und die dahinterstehenden zu benutzen habe; in zwei Jahren kann alles dicht und schattig sein. Was sagen Sie dazu?*

Die Reben hat der alte Bischof mir aufs beste gewählt, Burgunder, Traminer, Gutedel et cet., und die eine (Sonnen-)Seite des Abhangs bringt solchen Wein, als Laßberg Ihnen vorgesetzt, die andere geringeren. So kann ich also in guten Jahren auf zehn Ohm vortrefflichen und ebensoviel mittelmäßigen Wein rechnen. Grad hinter dem Hause, wo der Schatten desselben den Reben sehr schadet, will ich diese ausroden, den Boden gleich machen und eine kleine Blumenterrasse, nicht groß genug zum Spazierengehn, aber angenehm fürs Auge, mit lange und reichlich blühenden Blumen, Georginen, Rosen, Levkojen et cet. bepflanzen lassen. Oh, Sie sollen sehn, ich mache ein kleines Paradies aus dem Nestchen! Schade, daß ich meine meiste Lebenszeit 200 Stunden davon zubringen werde! Oder vielmehr gottlob, daß der heimische Boden und ich uns immer einander treu und sicher bleiben und mir doch,

falls mir von Zeit zu Zeit die hiesige Luft wieder nötig würde, bei allen denkbaren Wechselfällen ein niedliches Chez moi nicht fehlt.
Nun will ich Ihnen auch das Innere des Hauses beschreiben. Man geht mit einer hübsch geschweiften, etwa acht Stufen hohen Steintreppe in den untern Stock, der nur das Paradezimmer und die Küche enthält. Ersteres ein Gemach von angenehmer Größe, mit einem Erker, in dem das Kanapee mit Tisch und einigen Stühlen hinlänglich Raum haben und das übrige Zimmer unbeengt lassen. Man sitzt dort wie in einem Glaskasten, ein Fenster im Rücken und zwei zu den Seiten, aber Besuchenden wird es himmlisch scheinen, der Aussicht wegen. In dies Zimmer tritt man unmittelbar von der Treppe. Die Küche daneben (wo ich einen zweiten Eingang werde brechen lassen) ist klein, doch nicht bis zur Unbequemlichkeit, und es läßt sich mit wenigen Gulden einrichten, daß das Herdfeuer zugleich den hübschen Kachelofen des Zimmers heizt, was im Winter sehr angenehm und im Sommer durch Öffnung der Fenster nach der jedesmaligen Schattenseite und Ladenschließung der übrigen leicht zu parallelisieren ist, da mein Kochherd doch nicht allzu lange und stark brennen würde und bei winterlichen Besuchen notwendig nachgeheizt werden müßte; doch würde das Zimmer immer trocken und eine gelinde Temperatur darin erhalten werden, die die Besuche gleich hineinzuführen erlaubte.
Aus der Küche führt eine Wendelstiege und Falltür in den oberen Stock, meine eigentliche Dachshöhle (oder Schwalbennest), alles mit Zierlichkeit gemacht, die Stiege hübsch gewunden, die Falltür wie Getäfel geschnitzelt und sich in die Wand fügend, so daß sie bei Tage nicht bemerkt, sondern für eine Verzierung gehalten wird. Nachts, wenn sie geschlossen ist, paßt sie (mit der anderen Seite) sehr genau in den Fußboden und macht die kleine obere Entree zu einem artigen Zimmerchen, wo im Hintergrunde hinter anständigem weißem Vorhange das Kammerjungfernbett verborgen sein und diese auch in Sommertagen ihre Nähterei am Fenster beschik-

ken kann. Hieran stößt dann mein eigentliches Quartier, ein heizbares Wohnzimmer, etwa um ein Drittel größer wie Ihr Kabinettchen, und ein Schlafzimmerchen, grade groß genug für das Nötige, Bett, Waschtisch, Schrank, und noch einigem Raum zu freier Bewegung. Sagen Sie selbst, Elise, was bedarf ich mehr? Auch fällt mir eben ein, daß ich statt des Eisenofens im Wohnzimmer ja einen Kachelofen kann mauern lassen, der das Kammerjungfernzimmer mitheizt, so daß ich diese zu keiner Zeit um mich zu haben brauche.

Der Keller geht unters ganze Haus her und ist sehr gut, so wie der Bodenraum unterm Dache überflüssig geräumig, und es ließ sich dort leicht ein Verschlag herrichten, wo ich, der Sicherheit wegen, meinen Winzer könnte schlafen lassen, einen Mann, der sonst in der Stadt wohnt und außer der Besorgung der Reben für ein Gewisses nicht in meinem Dienste steht, aber dann gern für eine Kleinigkeit zu Bestellungen und sonstiger Aushilfe bereit sein würde. Einen Brunnen habe ich nicht, aber ein Bleichplätzchen und nicht hundert Schritte vom Hause eine Quelle, die Winter und Sommer fließt. Kurz, ich sage Ihnen, es ist allerliebst. Laßberg sagt: »Je mehr man es untersucht, je besser wird es.« Dach, Gemäuer, Fußböden, Türen, alles im besten Stande, von den Fensterläden nur zwei etwas schadhaft, aber in den Fenstern selbst vieles zu reparieren, und dieses die einzige etwas bedeutende Ausgabe. Lieb Lies, ich habe Sie gewiß ermüdet mit meiner neuen Freude, wo Sie sich doch nicht recht hineindenken können. Zu etwas anderem!

Annettes anfängliche Besorgnis, sich mit dem Kauf finanziell übernommen zu haben, wird angesichts des guten Honorars von Cotta zerstreut: *Mein erster Schriftstellererwerb geht zwar gänzlich drauf für den Ankauf des Rebgütchens und die allernotwendigsten Verbesserungen an Haus und Land, aber so bleibt mir doch meine Leibrente jetzt ungeschmälert.* Daß sie es so günstig ersteigern konnte, verdankte sie einer großen Teuerung und einer *Art Hungerjahr hier in Schwaben* sowie der in Meersburg über sie herrschenden Meinung: *man hat sich in den Kopf gesetzt, Maman und mich*

Freiherr von Laßberg, Annettes Schwager, Besitzer der Meersburg

für halbe Millionärinnen zu halten, so hat mir keine Seele aufgeboten. Allerdings legte sie allen Ertrag gleich wieder fest:

Gott gebe, daß mir Stimmung und passable Gesundheit bleiben, um noch recht viel verdienen zu können, denn ich möchte gar zu gern zwei kleine Stiftungen machen für ein paar unverheiratete Mädchen aus Werners und Jennys Nachkommenschaft. Der Anfang ist gemacht, zu dem ersteren habe ich meinen Brautschatz überwiesen und zum Behufe des letzteren für meine neu erworbenen 500 Tlr. ein hübsches, massiv gebautes und bewohnbares Gartenhaus vor dem Tore von Meersburg gekauft, mit so viel guten Reben, daß ich in fruchtbaren Jahren wohl 2–3 Fuder Wein, 16–24 Ohm, machen kann.

Ein wenig Bedauern, mit der Stiftung aller Erträge für Jennys Zwillinge den ganzen Segen weggegeben zu haben, spürt man aus ihrem Bericht vom November 1845:

In meinem Weinberge hat es heuer wenige und nur essigsaure Trauben gegeben. Alles verregnet! Doch elf Ohm Wein gemacht, gleich von der Kelter den Ohm zu 17 Gulden verkauft und somit, nach Abzug aller Kosten des Jahres, doch noch gegen sechzig Taler reinen Überschuß. Immerhin noch ein schöner Zins von 400 RT.! Und zwar in einem völligen Mißjahr. Ein gutes oder nur leidliches habe ich noch nicht gehabt. Das vorige war bekanntlich auch sehr schlecht, aber doch besser und hat mir 95 RT. reinen Ertrag gebracht. Wenn das am dürren Holze geschieht, so sind mir wirklich einige sanguinische Hoffnungen auf das grüne wohl zu verzeihen. Zwar habe ich eigentlich nichts davon, da ich, etwas voreilig generös, mich sogleich aller Vorteile begeben, zum Besten der Zwillingsmädchen, denen das kleine Besitztum dereinst zufallen soll. So sind Verwaltung und Ertrag gänzlich in Jennys Händen, die letzteren zur Verbesserung und Vergrößerung des Grundstücks verwendet, eine zwar nur mündliche, aber doch selbstgemachte Anordnung, von der es mir, außer im höchsten Notfalle, doch etwas sehr schimpferlich wäre, abzugehn. Den einzigen Vorteil für

Die Laßbergschen Zwillinge, Erbinnen des Fürstenhäuschens

mich könnte mir vielleicht dereinst das Häuschen bringen, wenn eine traurige, aber doch endlich unausbleibliche Veränderung meiner Lage mich nötigen sollte, Rüschhaus zu verlassen, wo ich dann jedenfalls zu alt und kränklich sein würde, um mich zwischen dem jungen Schwarm in Hülshoff heimisch zu fühlen.

Ein Jahr später gibt sie dem Bruder Werner, dem Ökonomen der Familie, als nun kompetente Weinbergbesitzerin folgenden Bericht:

Wir haben hier eine schöne Weinernte gehabt, hätten aber fast das Doppelte haben können. Der Stadtrat (selbst lauter Rebenbesitzer) hatte nämlich, aus übermäßiger Gierigkeit, um die Trauben zur möglichst höchsten Reife gelangen zu lassen, den Anfang der Lese fast um drei Wochen später als die Umgegend angesetzt, obwohl alle weißen Trauben schon überreif waren, und der erste Regentropfen sie zum Faulen bringen mußte. So sind hier die weißen Trauben fuderweis' verfault. Da wir nun keine eigene Kelter haben, mußten wir uns mit in diese Unvernunft schicken. Ich hatte zudem das Unglück, beim Ziehen der Nummern, wie man nacheinander zum Keltern zugelassen wird, fast die letzte Nummer zu ziehen, bin somit noch über vierzehn Tage später als diejenigen, die den Anfang machten, und habe bedeutenden Schaden gelitten. Als meine Trauben noch alle gut und schon völlig reif waren, wurde der Ertrag von Sachverständigen auf 30 Ohm angeschlagen, 14 weißen und 16 roten, und zudem, sagte man, werde selbst der weiße *Wein in diesem Jahre so delikat verden, daß ich ihn, schon gleich von der Kelter, würde für mindestens 35 Gulden verkaufen können, was dann allein 490 G. gebracht hätte. Statt dessen wurden meine weißen Stöcke wahre Moderhaufen; wo man nur hinrührte, flog weißer Staub auf, als wenn man einen Puffer zertritt. 7 Ohm gingen gänzlich verloren, 7 machte ich noch aus elenden halbfaulen Trauben, so schlecht, daß ich $1^1/_2$ Ohm von meinem prächtigen* Roten *mußte dazwischen laufen lassen, um ihn noch mit knapper Not zu 19 G. per Ohm zu verkaufen, so daß ich*

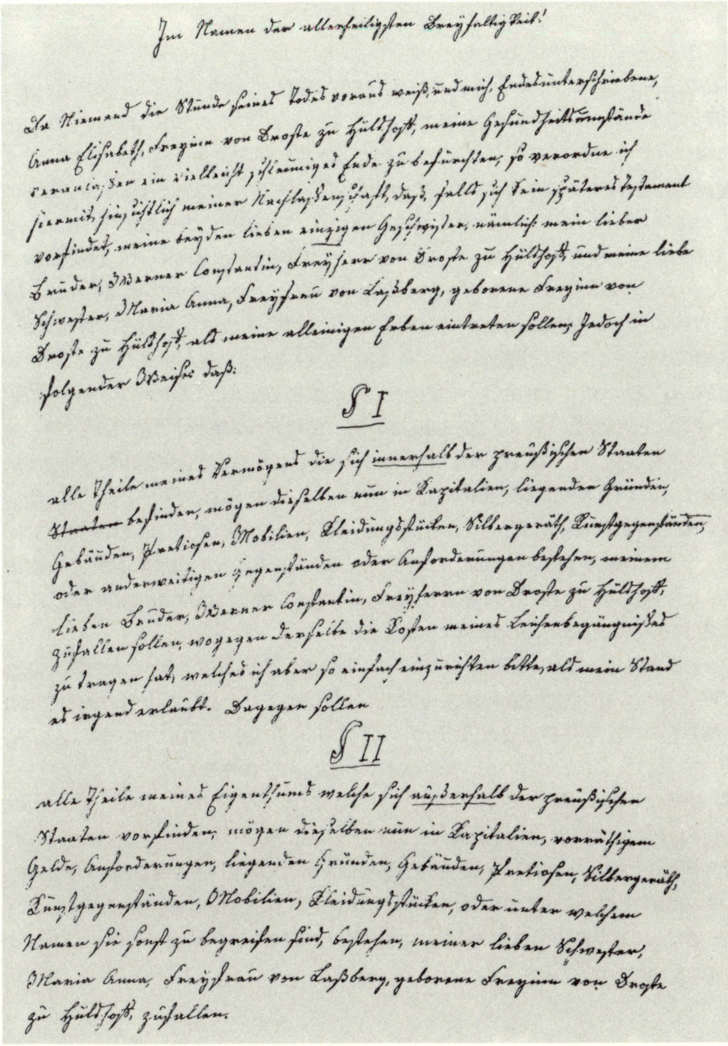
Im Namen der allerheiligsten Dreyfaltigkeit!

Da Niemand die Stunde seines Todes voraus weiß, und mich, Endesunterschriebene, Anna Elisabeth, Freyinn von Droste zu Hülshoff, meine Gesundheitsumstände ermahnen, den ein vielleicht plötzliches Ende zu befürchten, so verordne ich hiermit, hinsichtlich meiner Nachlaßenschaft, daß, falls sich kein späteres Testament vorfindet, meine beyden lieben einzigen Geschwister, nämlich mein lieber Bruder, Werner Constantin, Freyherr von Droste zu Hülshoff, und meine liebe Schwester, Maria Anna, Freyfrau von Laßberg, geborene Freyinn von Droste zu Hülshoff, als meine alleinigen Erben eintreten sollen, jedoch in folgender Weise daß:

§ I

alle Theile meines Vermögens die sich innerhalb der preußischen Staaten ~~Staaten~~ befinden, mögen dieselben nun in Capitalien, liegenden Gründen, Gebäuden, Pretiosen, Mobilien, Kleidungsstücken, Silbergeräth, Kunstgegenständen oder anderweitigen Gegenständen oder Anforderungen bestehen, meinem lieben Bruder, Werner Constantin, Freyherrn von Droste zu Hülshoff, zufallen sollen, wogegen derselbe die Kosten meines Leichenbegängnisses zu tragen hat, welches ich aber so einfach einzurichten bitte, als mein Stand es irgend erlaubt. Dagegen sollen

§ II

alle Theile meines Eigenthums welche sich außerhalb der preußischen Staaten vorfinden, mögen dieselben nun in Capitalien, vorräthigem Gelde, Anforderungen, liegenden Gründen, Gebäuden, Pretiosen, Silbergeräth, Kunstgegenständen, Mobilien, Kleidungsstücken, oder unter welchem Namen sie sonst zu begreifen sind, bestehen, meiner lieben Schwester, Maria Anna, Freyfrau von Laßberg, geborene Freyinn von Droste zu Hülshoff, zufallen.

Eine Seite aus dem Testament der Annette von Droste-Hülshoff

aus diesen $7^{1}/_{2}$ Ohm und den sämtlichen Trebern nur die Summe von 171 G. gelöst habe.
Nun aber zu meinem **Roten!** *Dieser hatte nicht durch den Regen gelitten, da die Trauben damals noch nicht überreif waren, dagegen waren sie, durch das nachfolgende lange Hängen, nicht nur überreif, sondern ganz schrumpflich geworden, so daß sie beim Keltern statt 16 nur noch $12^{1}/_{2}$ Ohm Saft gaben, der aber in diesem Jahre der* **allerbeste** *in Meersburg gewachsene Wein ist, teils eben des späten Kelterns wegen, teils weil ich die letzten $1^{1}/_{2}$ Ohm nicht dazwischen genommen, sondern zwischen den weißen habe laufen lassen, so daß mein sämtlicher roter Wein* **Vorlauf** *ist. Ich habe ihn aufgelegt in einem Fuderfaß und den übrigen Ohm zum Auffüllen daneben. Er ist so zuckerhaltig, daß sich an der Mostprobe gar kein Grad mehr zur Bezeichnung seiner Süßigkeit vorfand, und man sagt mir, in ein paar Jahren müßte ich wenigstens 70 G. für den Ohm haben. Da hätte ich meine 700 G. in einmal wieder heraus! d. h. ich habe freilich nichts davon, aber es freut mich doch, wenn das Rebgütchen etwas anwächst, weil es doch das einzige ist, was ich den hiesigen Kindern hinterlasse.*
Im nächsten Jahr ist sie schon so krank, daß sie nicht mehr ihren Weinberg aufsuchen kann: *Wenn ich ganz still sitze und mich auch sonst nicht anstrenge, könnte ich mich jetzt mitunter, ein wenig Beengung abgerechnet, für ganz gesund halten.*
Annette von Droste-Hülshoff starb am 24. Mai 1848 an einer Lungenkrankheit; das Fürstenhäuschen, auf das sie so stolz war, weil sie es durch ihre Schriftstellerei hatte erwerben können, bewahrt heute ihr Andenken – ihre Bücher, Bilder, manches aus ihren Sammlungen, Briefe, Scherenschnitte, ihre Möbelchen und ihr langes Perspektiv.

Anmerkungen und Zitatnachweise

(Die fettgedruckte Ziffer gibt die Textseite an, auf die Bezug genommen wird; der Anfang der Bezugsstelle ist kursiv wiedergegeben)

7 *Simon Semmler war ein...:* Annette von Droste-Hülshoff: *Sämtliche Werke*. Hrsg. von Clemens Heselhaus. Darmstadt 1962, S. 890 f.; **7** *mit seinem Gesicht...:* Ebd., S. 893; **7** *Friedrich war wie vernichtet...:* Ebd., S. 918; **8** *ein Recht der öffentlichen Meinung...:* Ebd., S. 883; **8** *Höre Fritz...:* Ebd., S. 889; **8** *Holz- und Jagdfrevel...:* Ebd., S. 883; **9** *offenbar hat er auch...:* Ebd., S. 922 f.; **9** *Ein Kaufmann...:* Ebd., S. 1021; **9f.** *Ich sah, so oft mein Vater...:* Ebd., S. 1023; **12 f.** *Als äußerste Perversion...:* Vgl. Josefine Nettesheim: »Die Droste und der Kölner Dombau«, *Droste-Jahrbuch* 2, 1948, S. 50; **13** *Die Stadt und der Dom...:* Sämtliche Werke, a.a.O., S. 209 - 211. Das Motto hat die Droste in einer eigenhändigen Abschrift über das Gedicht gesetzt; vgl. Heselhaus, ebd., S. 1144; **18** *der heiligen Natur...:* Ebd., S. 207; **21** *Die unter dem Druck...:* Bodo Plachta: »Besser rein altadelig Blut als alles Geld und Gut«. Zu den Einkünften der Annette von Droste-Hülshoff«, *Beiträge zur Droste-Forschung,* 5, 1978 - 1982, S. 129 - 143; 129; **21** *Annette und ihr Bruder Ferdinand...:* Ebd., S. 131 - 134; **21** *Werner sagt...:* Karl Schulte Kemminghausen (Hrsg.): Die Briefe der Annette von Droste-Hülshoff. Gesamtausgabe in 2 Bänden, Jena 1944 (künftig zitiert als: SK mit Band und Seitenzahl), I 278 (1835); **22** *Paulinchen schreibe ich...:* 1842, SK II 79; **22** *In Stapel geht alles...:* 1843, SK II 145; **22** *Je unsicherer die ökonomische Lage wird...:* Zur Gesamtentwicklung vgl. das gründliche Werk von Heinz Reif: *Westfälischer Adel 1770 - 1860. Vom Herrschaftsstand zur regionalen Elite.* Göttingen 1979; **22 f.** *Tante Dorly ist jetzt...:* 1839, SK I 332; vgl. auch 325. *Das Schwiegertöchterchen* entstammte einer jüdischen Familie von Hartmann (vgl. SK I 296); **23** *Auch ihre Anforderungen...:* 1843, SK II 168 f.; **24** *Galen habe ich...:* 1838, SK I 298 f.; **24** *aus einem Brief an Anna von Haxthausen...:* SK I 55 - 60. »Sie hatte aber vor allem das Glück gehabt, in der Familie ihrer Mutter, den Haxthausens, eine sozial ungemein befreite Luft einzuatmen, und es gibt wohl kein sichereres Zeichen für ihre Vorurteilslosigkeit, als daß sie ernstlich an eine Ehe mit dem bürgerlichen Juristen Straube gedacht zu haben scheint, den sie ebendort kennenlernte.« (Levin L. Schücking (Hrsg.): *Levin Schücking, Annette von Droste. Ein Lebensbild.* 2. Aufl. Stuttgart 1942, Nachwort S. 125; **26** *Ich bin zuweilen etwas wild...:* 1820, SK I 59; **27** *Am sechsten Sonntag nach Pfingsten...:* *Sämtliche Werke,* a.a.O., S. 555 f.; **28** *Wenn sie gelegentlich...:* Levin L. Schücking, a.a.O., S. 125; **28** *meine ganze so langsam...:* SK I 542; **29** *eitel, aufgeblasen und lapsig...:* SK I 337; **29** *wie sie es z. B. bei Luise von Bornstedt...:* Über sie im Kapitel »Schriftsteller-Existenzen«; **29 ff.** *Den 5ten [Mai 1842]...:* SK II 17 f.; **31 f.** *Am Turme...:* Sämtliche Werke, a.a.O., S. 124 f.; **34** *setzte Bornstedt den peinlichen Klatsch...:* SK I 572; **35** *in vielen brieflichen Äußerungen...:* Mit Hilfe des Registers am Ende von SK II leicht auffindbar; **35 f.** *Wir bekommen hier...:* SK II 190 f.; **36** *gottlob geringen Bedürfnissen...:* SK II 62; **36 f.** *Der Bornstedt ihre Schreiberei...:* 1839, SK I 336; **37** *Sag der Bornstedt...:* 1839, SK I 359; vgl. auch 548; **38** *Doch sind einige ihrer Gedichte...:* 1839, SK I 397; **38** *Die Bornstedt ist von einer Reise...:* 1840, SK I 400 f.; **38 f.** *So sagte ich zwar damals nichts...:* 1841, SK I 542; **39** *eine wahre Pest für Münster...:* SK I 572; **39 f.** *Zu meinen Gedichten...:* 1842, SK II 76 f.; **40 ff.** *Denken Sie sich das Malheur...:* 1842,

SK II 116 - 118; **42 f.** *Jenes angenehme Muster...:* 1843, SK II 132 f.; **43** *Von der Bornstedt wissen wir...:* 1843, SK II 161 f.; **43 f.** *Von der Bornstedt weiß man...:* 1843, SK II 241 f.; **45** *vor allem weil Madame Glaß...:* SK II 467. **45 f.** *Ach, Gott, wie dankbar...:* 1844/45, SK II 345; 46 ff. *Ihr »Schloß am Meere«...:* 1843, SK II 243; **48** *die ich mir noch immer...:* SK II 300; **48** *Und ein anderes Mal...:* 1844, SK II 301; **48 ff.** *Sie sehn, Levin...:* 1844, SK II 259 f.; **50** *einige Balladen der Droste...:* vgl. SK II 259 f.; **51** *Sie kaufte das Buch nicht...:* SK I 317; **51** *später beklagte sie...:* SK II 381; vgl. auch 368; **51** *Auch Freiligrath, der neulich...:* 1839, SK I 358 f.; **52** *Er ist seit acht Tagen...:* 1839, SK I 395; **52 ff.** *Den Freiligrath hat er...:* 1841, SK I 558; **54** *für ihn ein harter Schlag...:* SK I 570; **54** *abnehmende Dichtergabe...:* SK I 574; **54** *vermutet die Droste ihn in Not: SK II 22;* ***54 ff.*** *Kenntnisse besitze er...:* 1842, SK II 78 f.; **56** *heurate nicht so leichtsinnig...:* 1843, SK II 180; **56** *anhand von Freiligraths Beispiel...:* SK II 190 f.; **56 f.** *Über Freiligrath geht's arg her...:* 1844, SK II 355 f.; **57** *Auch von der Freiligrath...:* 1845, SK II 414; **57 f.** *Freiligraths »Leipzigs Toten«...:* 1845, SK II 432; **58** *fürs erste schickt er mir...:* 1846, SK II 457; **58 f.** *Schücking hat an mir gehandelt...:* 1846, SK II 473 f.; **59 f.** *Junkmann besuchte mich dreimal.: 1847, SK II 522;* ***62*** *armes loyales Aristokratenblut...:* SK II 161; **62** *nie auf den Effekt...:* SK II 191; **62** *Das Buch wird gewiß...:* 1844, SK II 286. Zu den literarischen Beziehungen vgl. Bernd Kortländer: *Annette von Droste-Hülshoff und die deutsche Literatur. Kenntnis, Beurteilung, Beeinflussung.* Münster 1979. Einige Hinweise zu Drostes Beziehungen zur ausländischen Literatur bei Levin L. Schücking, a.a.O., S. 56; **63 ff.** *Der zu früh geborene Dichter...:* Sämtliche Werke, a.a.O., S. 193 - 195; **66 f.** *Daß das lyrische Gedicht...:* Levin L. Schücking, a.a.O., S. 91 - 93; **67** Die Mutter mußte sie...: SK I 280; **67 ff.** *Mit meinem Buche...:* 1839, SK I 337 f.; **69** *Natürlich verdiente sie nichts...:* SK II 489; **69 f.** *Ferner fand ich...:* 1842, SK II 15; **70** *Ich komme wirklich auf...:* SK II 61; **70** *Ruf oder, wie Du es lieber nennst...:* 1842, SK II 77; **70 ff.** *Soeben wird mir ein Brief...:* 1843, SK II 183; **72** *Wegen des Honorars...:* 1843, SK II 138; **73** *Ihnen, mein guter Levin...:* 1844, SK II 258 f.; **74** *Eduard Mörike dagegen...:* Bodo Plachta, a.a.O., S. 137; **74** *Und zweitens, reden Sie in Stuttgart...:* 1844, SK II 302; **74** *eine Zeitlang unentgeltlich...:* SK II 288; **74** *Schreiben Sie also nur...:* SK II 296 f.; **74 f.** *Um so zufriedener...:* SK II 272, 352, 368, 381 f.; **75** *an ihr zweites Ich...:* SK II 159, 219; **75** *Lieb Lies, mein Entschluß...:* 1847, SK II 526; **76** *das Zuströmen ungeborner Ideen...:* 1845, SK II 411, vgl. 525; **77** *Bitte, Mama, sei nicht böse...:* 1838, SK I 279; **77 ff.** *Ich habe Dir...:* 1840, SK I 413 f.; **80** *Über Pauline kann ich...:* 1844, SK II 307 f.; **80** *eine ganz unbeschreiblich greuliche Person: SK II 356;* ***80 f.*** *sie sei reichlich mit Gelde...:* SK II 431; **81 f.** *Mama hat die T[abouillot]...:* 1844, SK II 364 f.; **82** *Du könntest mir...:* 1835, SK I 141; **83** *Geld muß ich haben...:* 1837, SK I 183; **83 ff.** *Ich habe seit kurzem...:* 1842, SK II 36 f.; **85 ff.** *Jetzt muß ich Ihnen auch sagen...:* 1843, SK II 233 - 236; **88** *Mein erster Schriftstellererwerb...:* SK II 308; **88 ff.** *man hat sich in den Kopf gesetzt...:* SK II 324; **90** *Gott gebe, daß mir Stimmung...:* 1844, SK II 323 f.; ein Ohm entspricht 1,5 hl; **90 ff.** *In meinem Weinberge...:* SK II 433 f.; **92 ff.** Wir haben hier...: *1846, SK II 516 - 518;* ***94*** *Wenn ich ganz still sitze...:* SK II 530.